シリーズ国際関係論•3

国際政治経済

飯田敬輔──[著]

東京大学出版会

INTERNATIONAL POLITICAL ECONOMY
Keisuke IIDA
(The Library of International Relations 3;
Takashi INOGUCHI—Series Editor)
University of Tokyo Press, 2007
ISBN978-4-13-034253-7

シリーズ刊行にあたって

現代世界では、ヒト・モノ・カネ・コトバが国境を越えて急速に行き交い、しばしば一国で起こった出来事が他の国の人びとの暮らしに少なからぬ影響を与えている。この世界で未来を切り拓いていくには、われわれは国際情勢を的確に把握しなければならず、そのためには首尾一貫した分析枠組みが必要である。それを世に問うことは、国際関係論のもっとも重要な仕事に他ならない。

現実を見れば、貧困や難民、環境、人権などの問題について世界的に一定の協力の機運が育まれる一方で、旧ユーゴスラビアやソマリアやダルフールでのいわゆる民族紛争や、二〇〇一年九月一一日の米国同時多発テロ事件に象徴されるテロリズム、九・一一後のアフガニスタンやイラクで引き続く戦闘、北朝鮮核問題をはじめとした大量破壊兵器をめぐる国家間の攻防のように、戦争や紛争は後を絶たず、地球規模の経済競争も激化していると言われる。国際社会の秩序はいかにして成り立っているのか、いかに戦争を防止して平和や安全保障を達成するのか、国際関係において政治（力）と経済（利益）はどのような関係にあるのか、国家はいかなる原理に基づいて対外的に行動するのかといった問いが、国際関係論の基本テーマを構成してきたゆえんである。

「シリーズ国際関係論」は、国際関係論の成果を総合することによって、これらの古くて新しい課題に挑戦するものである。具体的には、第1巻（篠田英朗）は歴史と思想を重視した国際社会論を、第2巻（鈴木基史）は理論的・実証的な平和・安全保障論を、第3巻（飯田敬輔）は同じく理論的・実証的な国際政治経済論を、第4巻（須藤季夫）は外交研究や対外政策決定分析を超えてより包括的な対外行動論を、そして第5巻（猪口孝）は二〇世紀および日本を軸にした国際関係論の系譜論を、それぞれ展開している。歴史を踏まえつつ実践の変化を見据えて国際関係論の創造的発展を模索する本シリーズは、現代世界を読み解くための最適なガイドとなるであろう。

本シリーズでは、体系的な構成、平易・明快な記述、豊富な事例紹介など、親しみやすさを心がけるとともに、現実との緊張関係を強く意識した。したがって、NGO関係者、ジャーナリスト、ビジネスマン、官僚や政治家、一般の読者が確かな視座を養われること、また大学・大学院の講義やゼミ・演習で活用されることを、大いに期待している。もちろん高度な内容や独自の見解も盛り込んでいるから、研究者にとっても読み応えがあるはずである。

本シリーズが、国際関係論の世界の奥深くへと読者を誘い、日本の国際関係論の研究・教育の進展に大きく貢献することを願ってやまない。

二〇〇七年八月

編者 猪口 孝

シリーズ国際関係論3　国際政治経済

目次

序章

1―本書のねらい

●二〇〇六年七月、それまでジュネーブの世界貿易機関（WTO）で行われていた、ドーハ・ラウンドという多国間通商交渉が、当面の間中断されることになった（翌年再開されたが）。中断の原因はこの交渉のなかで各国が大幅に譲歩をするのを渋ったためだが、同年秋の米国議会中間選挙が障害要因となったと見られている。

●また二〇〇六年七月、日本政府はそれまでBSE（俗称「狂牛病」）の恐れのために禁輸していた米国産牛肉の輸入を再開した。これは公式には確かに食品安全委員会による「科学的」な判断によるものとされたが、しかしその背後には、米国の政府および食肉産業によるかなり露骨な圧力があったため、「政治決着」という感が否めなかった。

●しばらくさかのぼって二〇〇五年七月、中国はそれまで過小評価されていると見られていた人民元の切り上げに踏み切り、その後も小幅ずつ切り上げてきている。この決定には国内の景気過熱による懸念もあったものの、米国議会が制裁をも辞さない構えで、強く人民元切り上げを中国政府に迫っていたことも、一要因であったと見られる。

このように、国際関係において政治と経済が密接に関連しているのは明らかである。しかし、それがいかに関係するのか、何らかの規則性があるのかどうかについては様々な考え方がある。こうした議論を学問として体系化したのが**国際政治経済論（ＩＰＥ）**である。

本書は、主に大学生および大学院生を対象に、ＩＰＥ理論をわかりやすく紹介し、解説することを目的とする。すでに、本書以外にも、ＩＰＥの解説書は多数存在する。[1] たとえば、河野・竹中（二〇〇三）は本書で扱う理論とほぼ同じ範囲をカバーしている。あわせて参考にされたい。

しかし他書にはない本書の特徴としては次のような点が挙げられる。

(1) 理論をその基本から応用まで解説し、体系的理解を目指す。特に、ＩＰＥのよさは理論と実証のバランスがよく取れている点である。一見かなり抽象的に見える理論もきちんとした実証的裏付けがあることを理解していただきたい。

(2) 日本人学生が興味を持ちやすいように、できるだけ、日本の事例を多く取り入れている。これまでＩＰＥの理論は米国や欧州の事例を参考に構築されてきたきらいが強く、必ずしも日本やアジアの経験とのつながりが明確ではなかった。

(3)　これまでＩＰＥの守備範囲としては、通商および金融が主であったが、コンストラクティビズム（構成主義）の台頭も加味して、環境や人の移動などの比較的新しいテーマについても扱う。

2―国際政治経済論（ＩＰＥ）とは何か

一口に国際政治経済といっても様々な捉え方がある。「富と権力の追求の、国際関係における相互的、動態的作用」というＲ・ギルピンの定義（Gilpin 1975, 43〔邦訳、四一頁〕）が有名であるが、ギルピンは経済を富の創造と分配、政治を権力（の行使）と定義付けている点で、経済と政治をやや狭義に解しているのではないかという疑問も残る。そこで、ここでは国際政治経済とは「国際関係における政治と経済の相互的な連関」としておくにとどめよう。この定義では政治も経済も同じウェートを占めるように思われるかもしれないが、英米圏では主に、国際政治経済論（ＩＰＥ）は国際政治学あるいは国際関係論の一部として発展してきた。現在でも、ＩＰＥという講座が設けられるのは政治学部あるいは国際関係学部であることが多い。しかしＩＰＥの発展は、特にその初期にはＡ・ハーシュマンやＣ・キンドルバーガーなどの経済学者の貢献に多くを負っていることも、付言する必要があろう。

3―国際政治経済小史

ＩＰＥは、第二次世界大戦後の国際経済の歴史から例を引くことが多い。その理由は、ＩＰＥ自体が戦後、特に一九七〇年代になって、本格的学問分野として発展してきたからである。したがって、研究の関心ももっぱら、戦後、特に一九七〇年代以降の歴史だけを射程に入れていることが多い。この節では、なぜ一九七〇年代にＩＰＥが盛んになったかを、国際政治経済の歴史を戦前までさかのぼって考えてみよう。

国際経済は戦間期（一九一九～一九三九年）に大きな変動を経験した。具体的には、第一次世界大戦前にパックス・ブリタニカ（英国による平和）の下で築かれた国際通商体制および国際通貨体制が、世界大恐慌をきっかけに、がらがらと音を立てて崩れたからである。この過程については、第4章以降に譲るが、ともかく戦後の世界経済の建て直しには、戦間期の教訓を基にいかに恒久的な経済秩序を構築するかが最大の課題であった。通商でいえば、一九三〇年代に世界中に広まった排他的貿易ブロックをいかに開放的なシステムに建て直していくかが最大の課題であった。金融面では、やはり一九三〇年代に横行した通貨切り下げ競争の再来を防ぎ、安定的な通貨システムを再構築することが焦点であった。

英国と米国が第二次世界大戦中から戦後経済体制の構想を開始したのは画期的なことであった。もちろん、戦後世界の経済覇権を握ることが明らかであった米国と、戦争によって経済が疲弊し、かつての栄光は取り戻すべくもなかった英国の間では、意見の食い違いも多々あったものの、開放的な通商システムおよび安定的な通貨システムを構築したいという点では一致していた。したがって、戦争中であるにもかかわらず、交渉はとんとん拍子で進んでいった。

戦後の通貨体制の骨格を決めた有名なブレトン・ウッズ会議（連合国通貨金融会議）は米国のニュー・ハンプシャー州にあるリゾート地ブレトン・ウッズで一九四四年七月に開催された。ここでそれまで英米の間で合意されていた案が提出され、四四カ国の連合国代表により採択された。この会議で、国際通貨基金（ＩＭＦ）と国際復興開発銀行（ＩＢＲＤ、現在の世界銀行）の設置が決まったほか、米ドルを金一オンス＝三五米ドルと固定し、このドルに対し、各国がそれぞれの通貨をペッグする（固定する）ことが決まった。戦間期にすでに各国はそれぞれ通貨の金兌換《だかん》性を停止していたが、金兌換性を回復できる余力があったのは米国だけであり、したがって、米ドルがその後の戦後通貨体制の基軸通貨となることが決定的となった。

これに対し、国際通商体制の構築は戦後にもつれ込んだ。英米は国際貿易機構（ＩＴＯ）と呼ばれる本格的な国際通商機関の構築を考えており、ＩＴＯ設立憲章の起草作業が行われたが、遅々として進まなかった。ところが米国の都合で、一九四七年中には少なくとも暫定的な協定を確定しておく必要があったため、ＩＴＯ設立憲章の一部であった関税及び貿易に関する一般協定（ＧＡＴＴ）を暫定適用議定書により発効させるという手段に訴えたのである。しかしその後ＩＴＯに対して米国議会の風当たりが強くなり、結局ＩＴＯは画餅《がべい》に帰した。このため、ＩＴＯに代わってＧＡＴＴが戦後通商体制の中心となったのである。GATTは国際機関でも条約でもなく、単なる行政協定であったにもかかわらず、その後数々の実績を残し、現在の世界貿易機関（WTO）に発展するであろうとは、当初は予想すべくもなかった。

しかし第二次世界大戦による欧州経済の疲弊は想像を超えるものであり、欧州通貨の対ドル交換性（自由にドルに交換できること）の回復は遅れた。また関税を引き下げれば、輸入が急増してたちまち貿易赤字に陥ることが明らかであったため、貿易の自由化も遅々として進まなかった。また英連邦諸国も大英帝国の差別的な特恵関税システムを簡単に手離すわけにはいかなかった。したがってGATTによる貿易自由化もなかなか効果を上げなかった。

したがって、英米が戦時中に構想した戦後経済体制が理論通りに運用されはじめたのは一九五〇年代末あるいは一九六〇年代に入ってからのことであった。西欧諸国は一九五八年から五九年にかけて次々と通貨交換性を回復させたし、日本も一九六四年にＩＭＦ八条国となり（ＩＭＦ協定第八条は通貨の自由化を約束する条項）、為替管理を廃止した。また貿易面でも一九六四年に開始されたケネディ・ラウンド以降、貿易自由化に弾みがつき、次第に関税の引き下げが進んだ。その後、東京ラウンド（一九七三～一九七九年）、ウルグアイ・ラウンド（一九八六～一九九四年）を経て、関税は先進国間では貿易のさしたる障害とはならなくなった。

一九六〇年代は米経済が好調であったことにも支えられ、少なくとも西側諸国の間では経済関係は比較的良好であった。しかし、英国はかつての栄光を取り戻すことはできず、そればかりか海外で保有されていた英ポンドが売り浴びせられ、ポンドの基軸通貨としての退場をいかに管理するかという問題に悩まされた。また米ドルの強さも磐石というわけではなく、一九六〇年にはドルが売られ、固定相場を維持するために一九六二年には一〇カ国財務大臣・中央銀行総裁会議（G10）が形成され、それにより協調的に為替相場を防衛するシステムが整えられていった。また通商面でも、すでに一九五〇年代後半には米国が日本からの繊維輸入を制限する動きも見られるなど、保護主義の萌芽も見られた。その後、繊維問題は急激に悪化する。

一方、ベトナム戦争が泥沼化するなかで米国の対外収支が悪化し、最初は（西）ドイツに在独米軍の駐留経費を負担させるなどの対応もなされたが、次第に米国の金保有高が減る中、ドルの金兌換が半永久的に持続できるかは疑問となってきた。こうしてついに一九七一年八月一五日にドルの金兌換停止を宣言する、いわゆる「ニクソン・ショック」が起きたのである。これ以降、国際通貨制度は混乱を極めることになる。そうして国際経済関係は政治と密接に関連していることが認識されるようになっただけでなく、経済が国際関係に多大な影響を与えることが政治学者により認識されるようになった。したがってそれ以降、国際通貨のようなきわめて経済的な問題が国際関係論の射程に入ってくるようになったのである。

一九七三年の石油ショックも、国際経済と国際政治がいかに密接に関連しているかを再認識させる良い機会であった。同年の第四次中東戦争をきっかけに、アラブ諸国は米国など親イスラエル政策をとる国々に対し石油輸出を停止した。またこれをきっかけに世界的に石油の供給不足が発生し、国際石油価格は一バレル当たり三ドルから同一二ドルまで四倍に高騰した。これは世界経済に多大な衝撃を与えたことはいうまでもないが、特に日本では、すでに日本列島改造論などでインフレ気味の政策をとっていた上、風評によりトイレットペーパーが買いだめされ品不足となるなど、パニック状態に陥った。

また貿易面でも国際経済は混乱した。GATTの東京ラウンドを始めるために大統領に交渉権を委任する条件として、米議会は一九七四年通商法に三〇一条を挿入した。これにより米国の通商単独主義が制度的に裏付けられることになった。不公正貿易慣行を行う国に対して、経済制裁を加える権限を与えた三〇一条は、次第に活発に利用されるようになり、日本を始め、米国の貿易相手国を悩ませることになる。三〇一条も「自由貿易」という美名の下に米国のあからさまな政治力が使われうることを、改めて実感させたのである。また米国では保護主義も台頭し、カラーテレビ、鉄鋼、自動車など次々と市場に「秩序」をもたらす措置が取られた。ここへきて米国の推進してきた自由貿易主義は無条件なものではないことが明らかになったのである。

また一九七〇年代は、「南北問題」が国際関係の一大問題となったことでも記憶される。発展途上国が一致団結して先進国主体の国際経済体制を変革しようとの動きはすでに六〇年代にも見られたが、七〇年代に入ってからは石油ショックをきっかけに急進化し、その結果、一九七四年の国連特別総会で、「新国際経済秩序（NIEO）樹立宣言」が採択された。その後、数年間にわたって南北対話が続けられたが、結局大きな成果を上げることができないまま、一九八〇年代にはメキシコ危機に端を発した累積債務問題の解決がより急務の課題となる。

一九八〇年代には新自由主義を標榜する英サッチャー政権と米レーガン政権の登場により、あらためて「市場原理主義」（政治は経済に介入しないという思想）が強調された一方で、逆説的に政治と経済が密接に関わっていることが一層鮮明になった。先進国間では通貨制度は変動相場制にシフトしていたが、一九七〇年代にはまだ政府は外国為替市場に積極的に介入し、相場の安定性を維持しようと努めていた。しかし、レーガン政権は「市場原理重視」の名のもとに、ドル相場を市場に任せる姿勢を示した。これに対して、日本や欧州は相場の安定性を求めて、相場放置の姿勢を改めるように再三再四にわたって要請したが、米国は聞く耳を持たなかった。このためドル相場は青天井となり、米貿易赤字が膨らむ中、政権二期目に財務長官がJ・ベーカーに交代すると米国は通貨政策を一八〇度転換し、市場介入も辞さない姿勢を示したため、一九八五年九月のプラザ合意へと結実した。その後、ドル高は急速に是正されることになる。このように、通貨は市場に任せておけばよいという考え方は破綻したのであった。

通商問題も一九八〇年代にはさらに「政治化」した。米国ではいわゆる日本叩き（Japan bashing）が最高潮に達し、労働者が日本製ラジオや自動車を路上で叩き壊すという蛮行が日常化した。当初レーガン政権は自動車の自主規制（輸出国日本が「自主的」に輸出数量を制限すること）による場当たり的対処で対応したが、議会の不満はとどまるところを知らず、相次いで保護主義法案が提出される中、レーガン政権は上述の三〇一条やその他の手段を使って、日本やその他の貿易相手国に米国製品の輸入拡大を要求した。また一九八七年には、三〇一条に基づく初の対日経済制裁もなされた。

このように国際経済関係が悪化の一途をたどる中で、国際政治の激動、すなわち冷戦の終結により、新たな問題が発生した。まず、旧ソ連・東欧圏の体制移行国を、それまで西側諸国が築き上げてきた国際経済体制にいかに組み込んでいくかが大きな課題となった。IMFや世銀への加入は比較的スムーズにいったものの、GATTへの加入はハードルが高く、なかなか進まなかった。また冷戦終結を機に、人権問題が国際政治の大きなイシュー（争点）となった。それまでも人権は重要視されてはいたが、冷戦時代の東側諸国の人権問題をおおっぴらに政治化することは、ある程度自粛されていた。しかし、冷戦が終結した今、人権を国際問題化することはタブーでなくなった。たとえば、一九八九年六月の天安門事件以降、先進国は次々と対中経済制裁に踏み切った。またしても、経済は政治と切り離せないことが判明したのである。

また環境問題も一九八〇年代の後半から急速に、重要な国際問題として浮上した。オゾン層保護の問題では、科学的証拠が比較的明らかとなったため、スムーズに保護レジームの国際制度化が進展したが、地球温暖化の問題は、全世界が加害者かつ被害者である上、科学的証拠にも不確実性が残るため、気候変動レジームの形成は予想以上に紆余曲折を経たものとなった。最終的には一九九七年の京都議定書（気候変動に関する国際連合枠組条約の京都議定書）により、先進国による対処には一応の決着がついたが、米国は温室効果ガス削減により経済が大幅な打撃を受けることを恐れ、ブッシュ（子）政権が京都議定書から離脱するなど、いまだ課題は山積している。このように、人権や環境問題も、これまでにない国際政治および経済上の大きな課題となっていったのが、一九九〇年代の特徴であった。

以上、一九七〇年代の国際通貨問題および石油ショックなどを機に、国際経済は政治と切り離して考

図表 0-1　IPE の主要理論の対比

	自由主義	マルクス主義	重商主義
経済関係の性質	調和的	対立的	対立的
行為者の性質	世帯および企業	経済的諸階級	国家
経済活動の目標	グローバルな福祉の極大化	階級利益の極大化	国益の極大化
経済と政治の関係	経済が政治を決定すべきである	経済が政治を決定している	政治が経済を決定する
変動の理論	動態的均衡	不均衡への傾向	権力分配におけるシフト

出所：Gilpin (1975, 27 [邦訳，24 頁]).

えられないことが明らかになり、ＩＰＥは急速に発展した。同じ傾向は国際通商問題で一九八〇年代にも続き、ついで、人権、環境などの新しい問題も俎上にのせられるようになった。ＩＰＥは、これら現実の国際問題に大きく影響されながら、過去三〇年あまりの間に、単なる国際関係論の末梢分野から国際政治学をリードする存在へと変貌したのである。

4―四つの理論的視角

さて、このような複雑な歴史を理解する方法あるいは視角として、ＩＰＥではさまざまなアプローチが検討されてきた。従来、ＩＰＥ理論はリアリズム、リベラリズムおよびマルクス主義の三つに大別することが多かった。たとえば、ギルピンは一九七五年に出版された古典的著書のなかで、国際政治経済に関する三大理論として自由主義（リベラリズム）、マルクス主義、重商主義（リアリズム）の三つに分類し、その違いを説明した（図表０-１）。

ギルピンの分類以来、ＩＰＥは目覚しい発展を見せたため、今の

ＩＰＥ理論はこの枠組みには入りきらない部分もあるが、大まかな特徴はまだ似ている。しかし、現在では、マルクス主義の理論はすっかり衰退してしまい、それに代わって、コンストラクティビズムが優勢になりつつある。

第一に、リアリズムは、国際政治を国家間の権力闘争ととらえ、国際経済もこの政治力学に支配されていると考える。つまり、国際経済でも国家の力の増大が目標とされるため、経済学者の考えるような経済的効率性は必ずしも第一の目標ではないと考える。

これに対して第二に、リベラリズムは国家間の関係をもっと協調的なもの、また、制度的に拘束されたものと考える。したがって、国際経済も国家間の権力闘争の論理だけで律されているわけではないと考える。またリベラリズムではＷＴＯやＩＭＦなどの制度的枠組みが重要と考える。

第三に、マルクス主義は国際政治を国際的な階級闘争と考え、また植民地の争奪戦と考える。このため、国際経済もきわめて闘争的なプロセスと捉える点では、リアリズムに共通するところがある。

最後に第四に、コンストラクティビズムは、アイデア（観念）、規範、アイデンティティなどの主観的あるいは間主観的な要素が国際政治経済に与える影響に注目する。

これら四つの理論が、本書で用いられる分析枠組みである。

5——本書の構成

本書の構成を簡単に説明しよう。

まず第1章から第3章までは理論編である。第1章でリアリズム、第2章でリベラリズムと主流の理論を扱い、次に第3章では批判理論と題して、主流理論に対する対抗理論として登場してきたマルクス主義とコンストラクティビズムを扱う。

第4章から第7章は応用編である。第4章で通商、第5章で国際金融と、これまでIPEの主な関心事項であった分野を扱い、第6章では環境、第7章では人の移動(グローバル化の一側面)といった新しい問題を扱う。なお開発は環境と密接に関連しているため、同じ第6章で扱い、グローバル化と地域統合は表裏一体であるため、これらをいっしょに第7章で考察する。

第1章

国際政治経済における力と秩序形成

本章ではリアリズムに基づくＩＰＥ理論を概観する。すでに述べたとおり、ＩＰＥは、政治と経済の連関を扱う学問であるため、政治学と経済学のどちらを本来のディシプリンとするのかが明確ではない。しかし、政治を根本とする考え方に立脚すると、政治の基本的概念である「力（power）」、あるいは権力という概念を素通りすることはできない。少なくとも国際政治学において、力の概念を特に強調するのはリアリズム（現実主義）の理論である。

したがって、本章では次のような疑問に答えることを趣旨とする。

- 国際経済における力とは何か
- 力の追求はどのように行われるか
- 力の強弱あるいは浮沈は国際政治経済にどのような影響を及ぼすか

それではまず、リアリズムとはどのような理論なのかを紹介しよう。

1——古典的リアリズム

1　リアリズム理論の骨格

一口にリアリズム（Realism）といっても、互いに類似した諸理論を一括してリアリズムと総称しているにすぎない。したがって、その全容を簡単に紹介するのは容易ではないが、一つの理解の方法としてリアリズムの原点と目されている古典にその特徴を見出すことができよう。もう一つは、リアリズムの諸理論にほぼ共通して表れる視点あるいは仮定（assumptions）から類推することもできる。

ではまずリアリズムの古典であるが、最も古いのはトゥーキュディデースで、古代ギリシャ時代の歴史家である。彼はペロポネソス戦争（紀元前四三一年〜紀元前四〇四年）の歴史を書いたことで有名である。その『戦史』（トゥーキュディデース　一九六六―一九六七）はペロポネソス戦争の通史であるが、そこかしこにリアリズムの原点となるような、際立った国際政治観が見え隠れする。次に有名なのがN・マキアベリで、一五〜一六世紀のイタリア都市国家を観察し、フィレンツェのメディチ家に「帝王学」を進言することを目的に執筆された『君主論』（マキアヴェリ　二〇〇一）は、政治に対する独特な考え方を表しており、現在やや誇張された形で「マキアベリアン」という言葉が「権謀術数を尽くすタイプの」という意味で使われる。しかし最も体系だった理論として、現在のリアリズムの直接の源はT・ホッブズであるといってよかろう。彼の主著『リバイアサン』（ホッブズ　一九七九）は初めてリアリズムを体系的に論じたことで知られる。

それではホッブズの思想の根幹は何だったのであろうか。彼はイギリス市民革命時代の「王党派」を代表する立場から政治理論を展開した。その最も基本となる概念が、「**自然状態**」である。彼にとって「自然状態」とは政府ができる前の（空想上の）状態を指し、またホッブズの思想に特徴的なのは「自然状態」＝「戦争状態」という定式化を行ったことにある。「戦争状態」とは必ずしもつねに戦闘が行われていることは意味しないが、戦闘状態にいつ入ってもおかしくない状態、つまりはそれぞれの主体が「臨戦態勢」に入っている状態を意味している。『リバイアサン』第一三章は「自分たちすべてを畏怖させるような共通の権力がない間は、人間は戦争と呼ばれる状態、各人の各人に対する戦争状態にある」と断言するとともに、「戦争」とは闘争すなわち戦闘行為だけではなく、「闘争によって争おうとする意志が十分に示されていさえすれば、そのあいだは戦争である」（ホッブズ 一九七九、一五六頁）と述べている。したがって、「自然状態」は、人がいつ殺されてもおかしくない状態と考えることができる。現在の国際政治学におけるリアリズムではこの「自然状態」という概念を**アナーキー**（無政府状態）という言葉で置き換えている。アナーキーの下ではいつ戦争が起こってもおかしくない。それは「何でもあり」の世界である。

しかし、自然状態は人間にとっては都合が悪い。身の安全が守れないからである。人間は生命を保つのが基本。よって、生命の存続が保障されないのは困る。そこで、社会契約を結び、誰か（君主）に権力を譲渡するのだ、とホッブズはいう。この理論により絶対君主制が正当化される。ホッブズの理論によれば、すべての権利（生命を守る権利以外）はすべて政府に譲渡される。

国家内ではこのような（架空の）プロセスにより政府は樹立されるとホッブズは考えたが、国家間においては「自然状態」が温存された。「あらゆる時代において王や主権所有の人格たちは、その独立性のゆえにたえず嫉妬しあい、たがいに武器を向けあいじっと相手の様子をうかがって、まるで剣闘士の姿勢よろしく身構えてきた。すなわち王国の国境の要塞、守備兵、銃砲、それに隣国に対する絶えざるスパイ、これらの存在は戦時体制にほかならない」（ホッブズ　一九七九、一五八頁）というのだ。したがって、彼が「自然状態」について語っていることは国家間関係にはすべて当てはまることになる。換言すれば、政府のない場所では、安全が希薄である。したがって、国民は国家という道具を使って個々人の安全を守り、他の国家に対しては臨戦態勢で臨む。それが政治の姿である、というのである。このような考え方は、現在のリアリズムにも生きている。

先に述べたように、リアリズムを概観するのにもう一つ有用な方法は、リアリズムの諸理論に共通して見られる前提（仮定）を明らかにすることである。もちろん、いうまでもなく、必ずしもすべてのリアリズム理論において、以下列挙する点がすべて当てはまるとは限らないが、少なくともそのほとんどが明示的な、あるいは多くの場合暗黙の前提として含意されている。ではリアリズムの前提とは何か。

次の五つの視点がリアリズムに特徴的である。

(1)　国際政治では国家が主体

(2) 国内は一枚岩
(3) 国家は国益（特に安全保障）と力を追求する
(4) 国家間の力関係は主に軍事力が中心
(5) 国家は打算的

(1)は、学問の便宜上の仮定であるとともに、現実認識の一つの立場でもある。学問の便宜上の仮定とは何かというと、研究者が現実を分析する際には、森羅万象をすべて観察し、記述することは不可能であり、したがって、何かに焦点を当てざるを得ず、そのため国際政治においては、まず国家の行動に注目するということを意味する。この点は批判もできようが、あくまで便宜上の理由であれば、やむを得ないということになろう。しかしリアリズムに批判的な論者が注目するのは、リアリスト（リアリズムを信奉する学者・研究者）が現実認識としても、この仮定に依拠している点である。つまり、現実の問題として、国際政治の最も大事なことを決定しているのは国家であるという考え方である。リベラリズムやコンストラクティビズムなど他の理論は多国籍企業などの私的主体、国際機構のような政府間組織、あるいは非政府組織（NGO）や非営利団体（NPO）と呼ばれるような非国家主体が現在の国際関係で重要な役割を果たすという立場をとっているのとは対照的である。

(2)も便宜上このように仮定される場合がある。特に合理的選択（rational choice）の理論によれば、そのような前提がないと分析があまりに複雑になりすぎるきらいがある。したがって、この仮定に頼らざるを得ないということが往々にしてある。しかし現実認識としてもリアリズムはこの仮定にしたがうことが多い。例えば、外交史などの書物には「日本は何々をした」、あるいは「日本は何々を決定した」という記述が見られるが、それはこのような「一枚岩」の前提を暗黙のうちに受け入れている証左ともみなされる。また、リアリストがこのような仮定をよく使うのには、国際関係のような「険悪」な場では、一枚岩であることが「善」であるという暗黙の了解があるようにも思われる。

(3)の最初の仮定（安全の重視）は、ホッブズの理論からも類推できよう。リアリズムでは国際関係は安全が非常に希薄なアナーキーであり、それゆえ、国家の目標もいきおい、その稀少な安全を追求するということになる。つまり国家はいつも、一歩間違えば存亡の危機に晒されるということになる。この点は、あまりに国際政治の危険性を誇張しすぎであるという批判もある。第二の点（力の追求）はかならずしも論者にいつも共通しているわけではないが、リアリズムでは、力が国際関係を律する基本条件であることから、これが当然国家の目標となってもおかしくないと推論されている。

(4)は力の重要性に対する着目であるとともに、軍事力が国際関係ではものをいうという仮定である。軍事力がかならずしも国家に安全をもたらすとは限らない。しかし、少なくとも敵国からの侵略に対して対抗できるのは軍事力であるという考えがリアリズムには見え隠れする。

最後の(5)は、実はリアリズムの専売特許ではなく、合理的選択を仮定するネオリベラリズムの理論にも当てはまる（本書第2章第3節を参照）。しかしリアリズムに特徴的なのは、国際関係には法とか道徳といった考えはなじまないという考え（Carr［1939］1946）である。

2　力の概念

では国際政治経済における力、あるいは**国力**（national power, state power）の概念とはいかなるものであろうか。まず、「力」とは、R・ダールの有名な定義によれば、「他人に対して、もし力が行使されなければ、しないであろうことをさせる能力」のことである（Dahl 1957, 202-203）。またJ・マーチによって、根源的力（力の素となる資源）と力の行使の意志を掛け合わせたものであることが示されている（March 1966）。(1) 力の素となる資源をいかに豊富に持っていたとしても、それを活用する意志がなければ、宝の持ち腐されになってしまうということである。

しかし、意志という主観的要素は客観的に測定することが容易ではない。そのため、研究者は当該のイシューにおける国益がどのようなものであるかをある程度見定め、それに比例して力の行使が行われると仮定する。(2) したがって、後は根源的力すなわち力の素となる資源を測定すればよいことになる。

それでは国際政治経済における力の素となる資源とは何か。R・コヘインは(1)天然資源のコントロール、(2)資本財のコントロール、(3)市場のコントロール、(4)高付加価値生産における比較優位の四つを挙げている（Keohane 1984, 32〔邦訳、三五頁〕）。また、非対称的な相互依存も力の源泉となるのであるが、これはリベラリズムの考え方であるため、次章で解説したい。

3　重商主義

国際関係における政治と経済の連関に関するリアリズムに特徴的な考え方の一例として、重商主義をまず解説したい。

重商主義とは、一六世紀から一八世紀にかけて、欧州諸国で採用された経済思想および経済政策を指し、その特徴は(1)重金主義（金などの貴金属を蓄積することが肝要という考え方）、(2)貿易黒字主義（外国貿易においては、貿易黒字を出すことを善しとする発想）の二点である。特に(2)は、輸出の振興と国内産業の保護という二つの側面を持つ。またその考え方の重点は、(1)から(2)に次第にシフトしていったといわれる。その後、A・スミスやD・リカードの登場により、英国では自由貿易思想が興隆し、重商主義は英国でまず衰退していった。またその他の欧州諸国でも、重農思想や自由貿易思想など、重商主義とは違った思想が浸透していったため、次第に廃《すた》れていった。しかし、一九世紀の初頭になっても、米国ではA・ハミルトンが重商主義を唱えたし、日本が第二次世界大戦前から戦後にかけてとった政策も重商主義に通じるところがある。

ここで問題となるのは、はたして重商主義が経済政策として正しかったか間違っていたかではない。重要なのは、重商主義は単なる経済思想あるいは稚拙な経済学と片付けることはできず、ある意味では政治と経済の接点にあった政策であるということである。J・バイナーは、重商主義の考え方として、国力が先か、国富が先かという問題を論じた（Viner 1948）。国力を蓄えればその結果として国富が付いてくるのか、あるいは国富（ここでは金や貿易黒字）を蓄えれば国力が付くのか、という問題を考察した。一般的には後者だけが重商主義であると考えられがちだが、バイナーは重商主義では両方とも真であり、力と富が密接に結びついているという考えが見られると論破した。いずれにせよ、力の観念が国際政治経済の古典的理論で大きな役割を果たしていたことは確認できよう。これは以下に見る現代のリアリズム、すなわち**ネオリアリズム**（neorealism）の理論でも同様である。

2―現代のリアリズム（ネオリアリズム）

1　相対的利益

富が当然国力と結びついてくるという発想は**相対的利益**（relative gains）論にも見られる。では相対的利益とは何か。この言葉は**絶対的利益**（absolute gains）の対概念として提唱されたものである(3)。相対的利益について解説する前に、わかりやすい例として、「ライシュの実験」というものを紹介しよう。R・ライシュは米国のクリントン政権で労働長官を務めたことで知られ、米国の中道左派を代表する経済評論家である。その彼が、まだハーバード大学のケネディ行政大学院で教鞭をとっていたころ、図表1-1のような表を示して次のような問題を学生や学者に出し回答を得ていたという。

まず、米国がシナリオAという政策とシナリオBという政策のどちらかをとることができるとする。そして、表のそれぞれの数字はそれぞれのシナリオの下での向こう一〇年間の両国の実質経済成長率である。シナリオAの下では日米どちらも高成長を遂げるが、日本の成長が米国の成長をはるかに上回る。

図表1-1　ライシュの実験で使われる質問

	米国	日本
シナリオA	25%	75%
シナリオB	10%	10.3%

出所：*Wall Street Journal*, June 18, 1990.

これに対し、シナリオBではどちらも低成長となるが、両国の間にほとんど差がない。米国人にどちらのシナリオが良いと思うかを聞いたところ、学生など多くのグループでは、シナリオBへの支持が大多数であるのに対し、経済学者にはシナリオAが圧倒的に支持されたという。ライシュは、自由主義的近代経済学では、シナリオAのような政策が絶対的に善であるとされるが、普通の米国人はそれに必ずしも賛同していないということを示し、（おおむね自由主義的である）米国の経済政策に疑義を呈した。

この実験の中では、回答者にどのような理由でBを選ぶのかを聞いていないので、詳しいことはわからないが、まさに相対的利益の考え方に他ならないという解釈が成り立つ。つまり、日本が米国に比べて高成長を遂げることにより、日本の米国に対する力が増し、それにより米国が損をこうむりかねないという考え方である。この実験は一九八〇年代から九〇年代の初頭にかけて行われていたようである。当時、日本経済脅威論が米国で猛威を奮っていたため、このような推理もあながち間違ってはいないかもしれない（コラム1-1を参照）。

J・グレコはこのような発想を理論化し、自国の絶対的利益（例えば、「ライシュの実験」では自国の経済成長率）をV、相手国の利益をWで表すとすると、国家の効用関数は $U=V-k(W-V)$ と表すことができ、係数kがゼロであれば、国家は絶対的利益だけを考えて行動するのに対し、kが大きくなればなるほど、相対的利益の関心が高まることを表すことができる。kの値がどのように決まるかはそれぞれの状況によるが、当該国家同士が敵対的関係にあればあるほど、kの値は正で高い値になると考えられる（つまり、相手と自国の差がマイナスとして認知される）。この理論により、グレコは、国家間の経済協力がいかに困難であるかを示唆した（Grieco 1988, 1990）。

M・マスタンドゥーノ（Mastanduno 1991）は、相対的利益の理論をFSXのケースを使って検証した。FSXは日米が一九八〇年代後半に共同開発を試みた次期支援戦闘機であるが、米国議会は当初の計画が日本の軍事技術を過度に向上させるとして、難色を示した。このため、当時のブッシュ（父）政権は再交渉を行い、なんとか決着したが、この問題で、マスタンドゥーノは米国の政府がどの程度相対的利益を気にしていたかに着目した。

2　セキュリティ外部性

セキュリティ外部性（security externalities）の理論も相対的利益の理論と共通するところが多い。リアリズムの理論では、国家は自国の安全を最大目標に掲げ行動することが前提となっているが、もしそうであるとすれば経済政策が国家の安全にどのように影響するかも、すべからく関心の的となるはずである。J・ガワ（Gowa 1994）は、経済政策が知らず知らずのうちに自国の安全の程度に関係していることを「セキュリティ外部性」と呼び、果たしてそのような関心が国家の政策に現れているかを検証した。ガワは、貿易が国家の所得を増加させることによって国力が増すことに着目した。もし同盟国の国力増大が自国の安全に寄与し、それに対して敵国や中立国の国力増大は安全に寄与しないとすれば、国家は好んで同盟国と貿易増進を図るはずである。この仮説を統計的に検証した結果，同盟国の間の貿易量は，その他の国との間の貿易量を上回っていることが確認された。これは確かに，冷戦中に西側諸国が関税及び貿易に関する一般協定（ＧＡＴＴ）体制を構築して，同盟国間で貿易の増進を図ったのに対し，共産圏諸国は独自の貿易体制を構築したことからもわかる。さらに，西側諸国は先端技術が東側に流れ，東側の経済力ひいては軍事力の増大につながることを恐れ，対共産圏輸出統制委員会（ＣＯＣＯＭ，ココム）規制により共産圏への輸出を厳しく制限していたことからも確認できる（Mastanduno 1992）。このように，貿易政策は，安全保障の観点に大きく影響される。これは経済的な視点だけから国際関係を見ていたのではわからない。

冷戦が終わり，国際貿易が二つのブロックに分断される事態は解消されたが，東アジアにはその残滓が残っている。例えば，台湾は本書執筆時点では中国との三通（通信，通航，通商）を認めていない。台湾から直接中国にモノが輸送されることはなく，第三国を経由して輸出されるようになっている。直接的な貿易を認めると中国への依存が過度に増加し，台湾の安全が脅かされると考えているからである④。

3　ゴー・イット・アローン

国際政治経済における力の行使の形態については，Ｌ・グルーバー（Gruber 2000）が，**ゴー・イット・アローン**（go it alone）という考え方を提示した。たとえば，Ｘ国とＹ国が何かの取り決めを交渉しており，Ｙ国は自国にきわめて有利な合意内容をＸ国に押し付けようと画策しているとしよう。このような場合、交渉妥結はきわめて難しくなるが、仮にY国が単独でもある程度の結果を出せる機会が存在しているとすると、Y国は、そのような単独で達成できる結果を脅しの材料として、X国に譲歩を迫ることが可能になる。そのような単独行動の結果が、X国にとってきわめて不利であると思われる場合には、X国は多少不利な条件であっても同意する。Y国の単独行動よりもまだましであると思うからである。

グルーバーはこの理論を用いて、北米自由貿易協定（NAFTA）および欧州通貨制度（EMS）のケースを分析したが、ここでは古城（二〇〇四）に従い、バーゼル合意の分析に応用してみよう。一九八〇年代、英米は銀行の監督を強化し、なかでも自己資本比率の増加が喫緊の課題となっていた。すでに英国は一九七〇年代から、米国も一九八〇年代の初頭から、独自に自己資本規制の強化を行っていたが、資本比率の低い邦銀が次々と米国市場に進出するようになってきた事態を憂慮した米国議会は政府に圧力をかけ、バーゼル委員会（国際決済銀行（BIS）を事務局とする一〇カ国財務大臣・中央銀行総裁会議（G10）の銀行規制監督委員会）で、国際的統一基準を作るよう働きかけた。その結果、英米はまず二カ国だけで合意を行い、もし、日本を含む他のG10諸国が統一基準作りに同意しなければ、英米二カ国だけで見切り発車をすると脅しをかけた。この結果、日米英およびG10で交渉が行われ、一九八八年までにバーゼル合意がまとまった。これはきわめて英米に有利で、邦銀にはつらい合意であった。にもかかわらず達成できたのは、英米がゴー・イット・アローン（「アローン」といってもここでは二カ国であることに注意）の力を持っていたからであると判断できる。

4　覇権安定論

最後に、リアリズム系のIPE理論として最も有名な**覇権安定論**（theory of hegemonic stability）について解説する。覇権安定論と呼ばれているものにはいくつも種類が存在し、それを一括して論じるのは、かえって誤解を招くおそれがあるため、ここではC・キンドルバーガーとS・クラズナーの理論に限って論じることにする。

キンドルバーガーは、基本的に国際経済は不安定なものであると規定し、そのような不安定なシステムに何らかの安定性をもたらすものが国際公共財であるとしている（Kindleberger 1981）。さらに、そのような国際公共財を提供する力や意志を持ち得るのは、強大な経済力を持つ国に限られると主張する。一九世紀には英国がそのような安定を提供したが、次第に英国の経済が衰退し、特に第一次世界大戦後、米国経済が英国経済を凌駕するようになったものの、米国はそれまでの孤立主義にしばられ、国際的指導力を発揮する意志がなかった。したがって、戦間期は国際経済が極度に不安定化したとしている（Kindleberger 1973）。このように、覇権国と言われる強大な経済大国が存在しないシステムは、基本的に不安定であるということになる。

キンドルバーガーの理論にヒントを得て、クラズナーは英米の覇権の興亡が国際通商体制の開放度にどのように影響したかを検証した。クラズナーは、覇権国は基本的に国力や所得の増大の観点から開放的国際貿易体制を好み、他国が小国である限り、開放的なシステムになるとの仮説を立てた（Krasner 1976）。キンドルバーガーも覇権国が開放的な市場を維持することが国際経済の安定性の一因であると

図表1-2　英米通商覇権力の推移

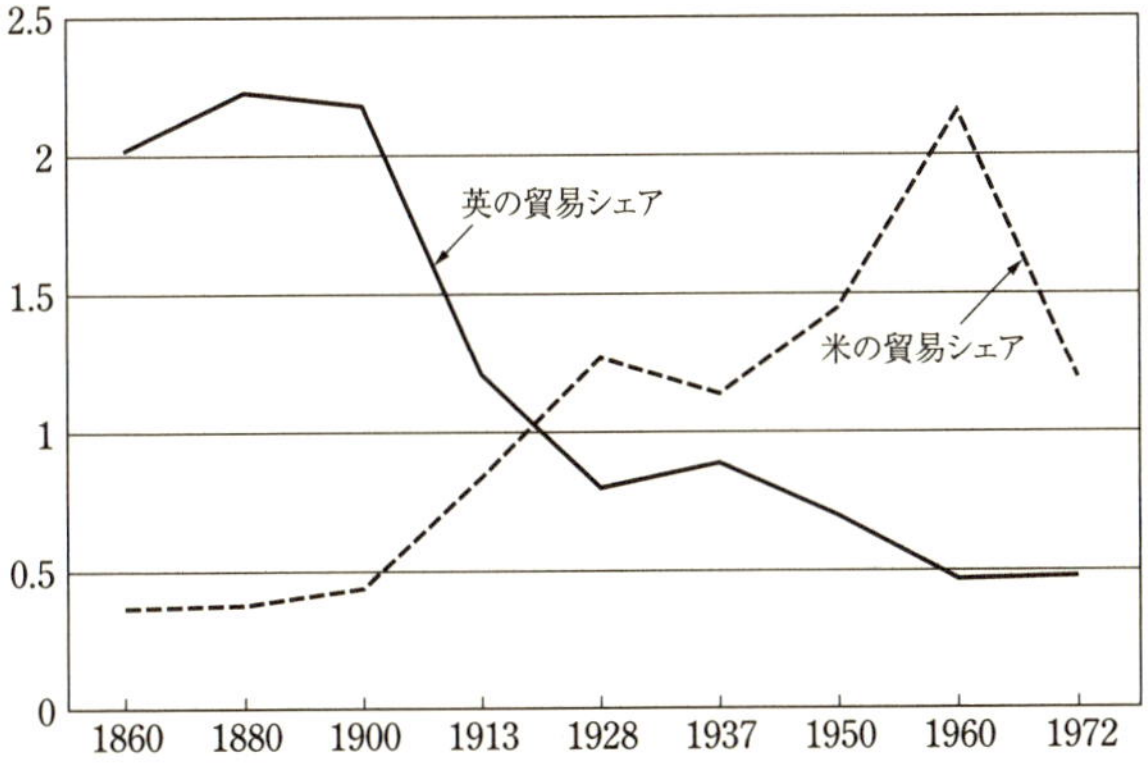

出所：Krasner（1976, 333）.

しているため、クラズナーのこの仮説はキンドルバーガーの理論に酷似している。しかし異なる点は、クラズナーの理論では覇権国以外の国は開放的な貿易体制を必ずしも望むわけではないと仮定されているため、開放性＝公共財ではない点と、覇権国はそのような開放経済を望まない国に対しても力の行使により、ある程度開放的システムを維持できると考えている点である。

グラフ（図表1-2）は、クラズナーによって測定された覇権力の推移を示している。それぞれの国の世界貿易における シェア（占有率）を次点（一位か二位）の国のシェアに対する倍率で示したものである。例えば、この数字が大きければ世界貿易に占める自国のシェアが他国を凌駕していることになり、一であれば二位の国と拮抗していることになり、覇権力はないといえよう。これを見ると一目瞭然であるように、一九世紀の後半には大英帝国が通商上の覇権を誇っていたが、急激に衰退し（米国に追い上げられ）、戦間期には米国に追い越されていたことがわかる。

図表 1-3　クラズナー仮説の検証結果

	覇権の盛衰	貿易開放度	理論との整合性
1820～1879年	英台頭	開放的	整合的
1879～1900年	英衰退	やや閉鎖的	整合的
1900～1913年	英衰退	開放的	非整合的
1919～1939年	米台頭	閉鎖的	非整合的
1945～1960年	米台頭	開放的	整合的
1960年以降	米衰退	開放的	不明

出所：Krasner（1976）より筆者が作成.

クラズナーは、これによって示唆された覇権力と、一九世紀から二〇世紀にかけての国際貿易体制の開放度とを突き合わせたところ、半分くらいの時期については仮説どおりであったが、後の半分くらいの時期では、仮説どおりにはなっていないことがわかった（図表1-3）。このためクラズナーは、一度貿易体制が確立されてしまうと、よほどのショックがない限り急には変わらない、したがって、覇権国の興亡は国際貿易体制の開放度を占う上で一大要素ではあるものの、大きく体制が変わるタイミングを予測するには十分でないと結論付けた。

覇権安定論の信憑性については、いまだにはっきりした結論は出ていないが、⑤米国の経済力の相対的な低下に伴って、一九八〇年代には新たな保護主義の台頭が危惧されたことは確かである。さらに、米国は公共財の提供者どころか、その逆である「略奪的」覇権国に変質しつつあるとまで言われた（Gilpin 1987, 90）。一九八〇年代、米国で日本製の自動車やラジオが叩き壊されるのを目の当たりにした筆者の世代にとっては、覇権安定論は一種の信憑性を持っていた。しかし、今は世界貿易機関（WTO）体制の下、新たな自由化も図られている。したがって、米国の経済力の相対的低下（絶対的にはまだナンバーワンであることには変わりない）だけで、通商体制が変わるわけではないことは、クラズナーが予測していたとおりである。

では米国の覇権はなぜ相対的に衰退したのか。リアリストのなかでも、R・ギルピンは、覇権の衰退のメカニズムについて、いくつかの仮説を提示したことでも知られる。まずギルピンは、その古典的著作のなかで、英国の海外投資や米国の対外直接投資が、それぞれの没落の一因となったと解釈している。特に、米多国籍企業による海外投資は、本国の資本ストックを減らし、欧州やその他の国の企業の競争力増加を引き起こすことにより、米国の主導権の相対的低落につながったとしている（Gilpin 1975, chapter 7）。米「帝国」の軍事的な過度な拡張（overstretch）も経済力の低下につながり覇権の低落原因となっているとの説も、別の著書で展開している（Gilpin 1981）。現在のイラクの状況を見れば、この傾向はさらに続きそうである。

3—総　括

以上のように、リアリズム理論は、国際政治経済においていかにリアリズム流（ホッブズ的）政治が大事であるかを強調する。リアリズムにとって、国際政治とは安全の追求、力の追求および行使である。しかし、これらがどのような形になって現れるかは一定ではない。重商主義である場合もあれば、ココム（現在はワッセナー体制）による輸出規制である場合もある。また、大国の単独主義や同盟国間の貿易、覇権的貿易自由化なども、力の行使の一形態と捉えることができる。

経済という本来はウィン・ウィン（お互いに利益を得ること）の現象の中にきわめて政治的なゼロサムの要素を持ち込んだところにリアリズム理論の特徴がある。この点は経済学や後述するリベラリズムの理論などでは見逃されがちである。また覇権安定論はその実証的真偽はともかくとして、数百年という長いスパンにおける国際政治経済の流れを把握するうえでは、いまでも有用な枠組みである。

本章の要点

- リアリズムでは国家間関係は安全が希薄な状態であり、そこでは力の論理が最重要であると考える。
- 国際経済における力関係は、当該国の力の資源（天然資源、市場規模、資本、先端技術）で決まる。
- 重商主義者は、富の蓄積と力の蓄積は相互補完的関係にあると考えた。
- お互いに経済的利益を得ることは相手の国の国力を増すことにもつながるため、国家は自国の利益だけではなく相手国の利益との差を考えながら行動する（相対的利益論）。
- 同盟国の経済の向上は、自国の安全にもつながるため、同盟国間では自由貿易が行われやすい。逆に敵国同士では貿易が安全保障政策の道具として使われる（セキュリティ外部性論）。
- 自国だけで単独に行動できるか否かも力の源泉となる。この力の行使により、他国に「協調」を強要することもできる（ゴー・イット・アローン論）。
- 覇権国は国際公共財の供給により、あるいは単に自国の利益のため力を行使することによって、国際経済秩序を構築する。覇権国が衰退すれば、国際経済は不安定化する（覇権安定論）。

コラム1-1◆相対的利益の計測

「ライシュの実験」はD・ルソーらにより追証がなされてきた（Rousseau 2002）。そこで筆者も授業の際に何回か「ライシュの実験」を日本版に変更して行ってみた。その回によって内容は多少異なるが、例えば二〇〇五年に東京大学で行った実験を以下に紹介する。

左記のような図表（図表1-4）を板書し、次のように質問する。「日本とある外国の今後の経済の見通しについて次の二つの可能性があるとします。シナリオAでは日本は五%とかなり高い成長率で経済が伸びるのに対し、もう一つの国はそれよりもさらに高い一〇%で成長します。シナリオBではどちらも三%の低い率で成長します。このAとBをあなた方が決定することができるとしたら、どちらが望ましいと考えますか。ただし、X国はこれから具体的な名前をいいます」。

次に、X国の名前をいう。「まずX国がルクセンブルクであるとします。AとBとどちらがいいか回答用紙に書き、その理由も簡単に書いてください」と指示する。大体全員が書き終わった時点で「では次にX国がアメリカ合衆国であるとします。また同じようにAとBとどちらが望ましいか、それからその理由を書いてください」。また学生が書き終わった時点で最後に「では最後にX国

図表 1-4　ライシュの実験の日本版質問

	向こう 10 年間の日本の実質経済成長率（年率）	向こう 10 年間のX 国の実質経済成長率（年率）
シナリオ A	5%	10%
シナリオ B	3%	3%

図表 1-5　東大における実験結果

	B と回答した学生数（割合）	理論的予想
ルクセンブルク	5（9.6%）	A
アメリカ合衆国	21（40.4%）	A または B
中国	30（57.5%）	B が多い

が中国であるとします。AとBとどちらが望ましいか、またその理由も書いてください」と指示する。

結果はどのようになると予想するであろうか。まずルクセンブルクは日本から遠い上、小国であるから、その成長率が日本に与える影響はごく少ないと思われる。したがって、相対的利益は問題とならず、ほぼ全員がAを選ぶであろう。これに対し、相手が米国になると理論的予想は曖昧になる。単純に相対的利益を考えれば、Bとする者もいそうだが、米国は日本にとっては貴重な同盟国であることを考えれば、米国の高成長は望ましいと考えられ、Aを選択することになる。最後に中国の場合には、相対的利益の観点が強くなり、Bと答えるものの数がさらに多くなると予想される。

二〇〇五年秋に東大で行った実験の結果（無記名、有効回答は五二名）は図表1-5のとおりである。ほぼ理論どおりのパターンになっている。しかし、その理由（特に中国に対してBを選択したもの）を吟味してみると、必ずしも相対的利益の観点から考えているのではないこともわかった。

第2章 経済的相互依存と制度化

第1章では、リアリズムの系譜を引く理論を概観したが、本章では、リアリズムとともにIPE理論の中核を形成してきたリベラリズム（自由主義）の理論について考察する。

一般に、リアリズムとリベラリズムは、現実主義と理想主義として対比される。現代のリベラリズムは、かつてE・H・カー（Carr [1939] 1946）が批判した「道徳主義・法律主義」とは異なるものの、確かに今日でも、リアリズムは国際協調の可能性に悲観的であるのに対し、リベラリズムはより楽観的であるとして語られることが多い。つまり、リアリズムが国家間の対立を強調するのに対して、リベラリズムは国際協調に焦点を当てる傾向が強い。しかし後者は必ずしも国際協調が簡単に実行できるといっているわけではない。それにはさまざまな困難が伴うのは国際関係の常識である。そのような障害の除去もリベラリズムの関心の一つである。

本章では、リベラリズムの理論を使いながら、次のような疑問に答えを出そう。

● 国家間の経済的な繋がり（これを「相互依存」と総称する）はどのような結果をもたらすか

- 国家と国家が次第に経済的に統合することは可能か
- 経済の運営に欠かせない国際協調はどのような条件により促進されるか
- 国際協調の推進母体となるものは誰（何）か
- 国内政治はどのような場合に国際協調の障害となるのか

しかしこれらに答えを出すまえに、リベラリズムの概要を把握する必要がある。リベラリズムの理論をつかむ手段として、前章でもそうしたように、リベラリズムの古典といわれる作品を紹介することによって、その特徴を描きだそう。

1―古典的リベラリズム

1 リベラリズムの源流

現代リアリズムの源がT・ホッブズの思想であることは第1章で述べたとおりであるが、もし**リベラリズム**（liberalism）の古典を挙げるとすれば、まずJ・ロック（ロック 一九六八）の思想を挙げざるを得ない。しかし、ロックの理論は、ややホッブズの理論に似ているので混同しやすい。特に、ロックも「自然状態」（政府のできる前の状態）という概念から政府の起源を説き起こしていることは、ホッブズとまったく同様である。

しかしロックによれば、人間は「自然状態」でも、**自然権**（自由・生命・所有）を有しており、自然法と呼ばれる合理性により自ずと一定の秩序が生まれる。このため、通常は安定的な状態が続く。しかしなかには自然法を破る者が出てくる。そうなったとき、私怨《しえん》と復仇《ふっきゅう》にだけ任せていると、とりとめがなくなる恐れがあるため、その対処法として政府が作られ、裁判所などにより違反者を裁く必要が生まれる。これが政府による統治の起源である。

したがって、ロックの思想では、人々は「社会契約」により、そのような一定の（ただし限定的な）権力をもつ政府を樹立すると考える。しかし万が一、政府が自然権を侵害する事態に陥れば、市民は政府を倒し、その権利を奪いかえす権利がある。

このように、ロックの思想は、「自然状態」と「社会契約」の想定という点ではホッブズの思想と酷似しているものの、(1)「自然状態」の解釈に大きな違いがある、(2)政府を作る際にも、これで一切の権利を譲り渡してしまうわけではない（絶対君主制は正当化できない）、(3)市民には「抵抗・革命権」がある（ホッブズ思想にはない）、などの点で異なっている。

さてここで、国際政治に最も関係が深いのは(1)の点である。ホッブズが指摘したように主権国家間の関係が「自然状態」だとしても、ロックの考え方によればホッブズが主張するよりも平和的なものである。すなわち国際関係にも合理性（自然法）により、一定の秩序があると考える（この認識は国際法の父H・グローチウス（グローチウス 一九七二）にも共通する）。また平和であれば、市民の安全・所有が確保されるわけだが、戦争が起これば、これらが保障されなくなる。もし政府の役割が市民の安全や所有権を守ることにあるとすれば、政府はこのような信託を守れなかったことになり、市民の抵抗により倒される可能性もある。

またリベラリズムの源流としてロックと同様によく引き合いに出されるのがI・カントである。彼の著書『永遠平和のために』（カント 一九八五）は国際政治に関する初の本格的理論書といえよう。このなかでカントは戦争をなくすための方策について考察を行っている。最も有名な提言が常備軍撤廃論であるが、現代のリベラリズムでも重視されるのは、以下の三点である。

①民主主義の平和　民主主義国では、市民が戦争のコストを負うことになり、このため戦争にためらいがちになる。よほどのことがない限り、民主主義国は戦争をしない。この命題が後の「デモクラティ

ック・ピース（democratic peace）」論の源となる。
②**商業精神**　国際貿易が栄えると、戦争をやっても損のほうが多くなる。したがって、商業精神の発達により、戦争がなくなる。
③**平和連合**　平和を約する「連合」に入ることにより、国家は自発的に戦争を放棄することを約す。これが後の国際制度論の源流となっている。もう少し現代風にいえば、国際平和を目指す国際組織に加わることにより、戦争の可能性が低くなる。要するに、自分の国の自由と平和を守るためには、他国の自由と平和も守る必要があるとの認識に基づく。

2　リベラリズムの特徴

カントの思想にも見られるように、現在のリベラリズムには次のような特徴がある。
①**国際政治と国内政治の連関**　国家体制や、国家内の分裂状況・対立などが国際政治に反映されると主張する。この一例が民主主義国同士の関係は平和的であるという命題である。また逆に国内政治も国際政治に大きく影響される。例えば、戦争で国家が疲弊すれば、革命が起こりやすくなる、という命題は後にT・スコッチポル（Skocpol 1979）により発見されたものであるが、ロックの理論の当然の帰結として出てくる。この点は、リアリズムとの違いが際立っている。第1章でも述べたように、リアリズムの理論では国家は一枚岩であることが前提とされることが多いのに対し、リベラリズムの理論では、国内にはなんらかの分裂が生じる、あるいは生じる可能性があることが前提とされる傾向が強い。

②国家の目標――自由・所有など自然権の尊重　リアリズムでは、国家の目標が安全保障や国力の増大であることはすでに述べたとおりであるが、リベラリズムの理論では、国家はあくまで市民の安全や所有権などの自然権を確保することが前提である。したがって、このような権利が確保されている限り、国際関係では内政不干渉が前提となる。しかし「破綻国家」や、明らかに大規模な人権侵害が行われている国家に対しては、一定の介入も正当化される。

③国家間の関係は「自然状態」だが、一定の秩序のある「社会状態」　ロックの理論によれば、「自然状態」であるはずの国家間関係は基本的には友好的で、戦争が起こるのは例外的な場合である。この点は、国家間の関係は常に戦争状態であるとするホッブズの理論との決定的違いである。

④経済的相互依存　民主主義国間では商業（自由貿易）が栄え、そのため、自由主義的国家間では経済的相互依存が深まると考えられる。また一部の例外を除き、相互依存は平和を促進させる要因となる（カント 一九八五）。これに対し、リアリストのなかには、相互依存は戦争の種にこそなれ、戦争予防の要因にはならないと主張する論者もある（Waltz 1979, 158）。

⑤国際組織　リアリズムは「自然状態」（アナーキー）である国際政治と「自然状態」を脱した国内政治の違いを強調する傾向が強いが、リベラリズムでは、国内政治と国際政治の極端な対比を避け、国際政治には世界政府はないものの、さまざまな国際組織が作られているという事実を重視し、国際組織の目的も、自然権などと整合的であるはずであるとされる。

以上の①から⑤の特徴のうち②と③は省略し、現代のリベラリズムの諸理論において、(1)相互依存、(2)国際組織（あるいは制度）、(3)国内政治と国際政治の連関がどのように分析されているかを解説する。

2—国家間の経済的結びつき

1 経済的相互依存

カントの理論にもあるように、リベラリズムでは、元来、経済的な**相互依存**（interdependence）が国際政治に及ぼす影響は、おおむね好影響であると判断する傾向が強かった。たとえば、第一次世界大戦前夜に書かれ、後に批判されるようになったN・エンジェルの『大いなる幻想』（Angell [1910] 1913）は、経済的相互依存が高まった欧州諸国の間では、もはや戦争は経済的には有効な手段でありえないと論破した。第二次世界大戦後、K・ドイチュは、大西洋をまたいでコミュニケーションや貿易が盛んになるにつれて、いわゆる安全保障共同体（戦争が事実上考えにくい国家間関係）が形成されつつあるとした（Deutsch et al. 1957）。また後述するように、一九六〇年代の統合論では、経済的相互依存が、経済分野での統合を促すとともに、政治的統合にもつながるとの仮説が提唱された。

これに対してA・ハーシュマンは経済的相互依存の帰結はかならずしも好ましいものだけではないことを指摘した（Hirschman 1945）。例えば、第二次世界大戦前にドイツは中東欧諸国との経済的相互依存を強めていたが、それはこれら諸国に対するドイツの威圧的な支配関係の強化につながっていたことを指摘した。つまり、一口に相互依存といっても、それが対称的相互依存（どの国も他国に同程度に依存している状態）か、**非対称的相互依存**（asymmetrical interdependence）であるかにより、その含意は異なることを発見したのである[1]。

この論点をR・コヘインとJ・ナイはさらに精緻化した（Keohane and Nye 1977, 11-18）。まず彼らは、相互依存のうち**敏感性相互依存**（sensitivity interdependence）と**脆弱性相互依存**（vulnerability interdependence）とを区別した。前者は同じ政策的枠組み内での相互依存（例えば、固定相場制の下にある国同士で、金利の動きが連動するなど[2]）であるのに対し、後者は枠組みを大きく変更した時にダメージをどの程度許容できるか（例えば、石油ショックで、中東からの石油の輸入が止まったときに、日本はあらゆる政策手段を尽くした後、どの程度ダメージに耐え得るか）を測ったものであるとした。このとき、非対称的な相互依存が力関係に影響し、不和の素となるのは後者であると指摘した。

たとえば、C・R・ヘニングは、一九八〇年代のマクロ経済協調において、米国が非常に影響力大であるのは、日本や欧州などに比べて米国経済が為替レートの動向に左右されにくいからであるとした（Henning 1987）。為替をめぐる相互依存関係は、日米欧では非対称的であることになる。

また同様にL・ショッパは、一九八〇年代までは日本の通商政策は度重なる貿易摩擦にもかかわらず、全般的には米国に対して協調的であったのに対し、一九九〇年代にはいってからは、かならずしも米国の意志に従わなくなり、非協調的になってきた一因として、日米相互依存の非対称性が少しずつ解消されてきたことを挙げている（Schoppa 1997, 280）。

これらの例からわかることは、非対称的相互依存のもとでは、「協調」は「追従」と紙一重であること、また非対称的相互依存は、国際的な力の源泉となるということを示している。

しかし、コヘインとナイの理論は、相互依存は最終的には良好な国家間関係につながることを示している。彼らは経済的相互依存がかなり深化した結果として、(1)イシューの間に階層性がなくなり（安全保障がいつもその他のイシューに優先するとは限らない状態）、(2)軍事力が紛争解決に役立たなくなり、(3)また複数の外交交渉チャネルが並存している場合（正式な外交ルートだけでなく、インフォーマルなルートや、民間のルートなどが複数存在している状態）には、**複合的相互依存**（complex interdependence）の状態が生まれ、国際政治の中核は、国際制度を介し、アジェンダ・セッティング（争点をいかに交渉の俎上に載せるか）やイシュー・リンケージ（複数の争点を互いに組み合わせること）などを通した協調的な関係になるはずであると主張した。

相互依存が平和に資するという古典的リベラリズムの考え方を最も端的に表したのは、R・ローズクランスの貿易国家論である（Rosecrance 1986）。ローズクランスは、一九四五年以降の国際政治は、「領土型システム」と「貿易型システム」の二つのアプローチに二分されつつあると解釈した。領土型システムは領土拡大こそ国力伸張の最大の手段であるという考え方に基づいて行動する国家（特に旧ソビエト連邦および米国）が中心になっているのに対して、貿易型システムは主に自由で開放的な貿易により国力の伸張を図る国家（日本やドイツ（旧西ドイツ）、またはその他の西欧諸国）が中心となる世界であるとした。当然のことながら、それら二つのシステムにおける国際政治の性格はかなり異なり、どちらのシステムが今後優勢となるかにより国際政治の将来も大きく変わるとしている。領土型システムでは、勢力均衡とその一手段としての戦争が国際政治の主要部分となるのに対し、貿易型システムでは経済的競争と平和的紛争処理が外交の中心となる。しかし貿易型システムは領土型システムと無縁に存在しているわけではなく、貿易型システムが優勢となるのは、領土型システムの勢力均衡がうまく機能して戦争のない時期が長く続く（一九世紀中葉）か、あるいは戦争があまりにコスト高になり、戦争が極力回避されるようになるか、いずれかの場合である。貿易型システムの主役となる**貿易国家**（trading state）は主に貿易により国力の伸張を目指すため、おのずとその外交方針も「軍事・政治的国家」とは性質を異にする。まず国際貿易のためにはいずれかの分野に特化することが必要であるため、どうしても特定の分野に強く他は弱いということになるため、国家防衛も特殊な分野に限定されることになり、すべてをカバーすることはできない。また貿易国家は国際分業に依存するため、相手が必要であることから、他国との平等性を重んじる傾向があり、また経済的相互依存の維持のためには、戦争は極力避ける必要があるため、戦争や武力行使のインセンティブは軍事・政治的国家に比べて低い。

2　地域経済統合論

すでに述べたように経済的相互依存を良好なものと解釈する傾向は初期の国際統合論にも見られた。たとえば、かつて**機能主義**（functionalism）と呼ばれた統合論では、郵便や通信など技術的レベルでの協調関係が国家間関係の平和を支えるなどという主張がなされていた。一九五〇～一九六〇年代には、経済・社会的交流の発展により、より高度の政治主体へのアイデンティティの移行が起こり政治統合が進むか（Deutsch et al. 1957）、あるいは経済的相互依存でいったん地域統合が軌道に乗り始めると、**機能的イシュー・リンケージ**（functional issue-linkage）や**戦術的イシュー・リンケージ**（tactical issue-linkage）により、さらに統合がその他の分野にも波及し、最終的な政治的統合に向かうことが予測された（Haas 1958, 1964）。

E・ハースとP・シュミッターは欧州の経験から得られた理論を基に、地域統合の比較を試みた。彼らは**統合**（integration）を「当初は技術的あるいは論争の余地のないと思われるような目的が次第に『政治化』される」（Haas and Schmitter 1964, 707）プロセスと定義し、[3] 自由貿易地域や関税同盟のような経済的統合が次第に政治的な統合に至るにはどのような条件が整わなければならないかを考察した。まず背景的な条件としては(1)単位（加盟国）の機能的類似性、(2)各国の社会的多元性、(3)国家エリートの相互補完性（価値観の類似性）の条件が重要であり、また協定締結時に(1)政治的統合への意志が見られるか、(2)広範で明示的な経済的同意があるか、そして最後に経済的統合が始まってからは(1)専門家の間で合意に至るまでにその思考方法および最終的結果について一致があるかどうか、(2)そして**スピル・オーバー**（spill-over, 波及効果）が起こるかどうかによって、大きく左右されるであろうと予想した。スピル・オーバーについて、当初の目的に困難や失望が生じた際（彼らはこれを「危機」と呼ぶ）、当初想定されたよりもさらに高度の相互依存と権限の委譲を伴う決定を行うかどうかにより統合の成否が左右されるとしている（Haas and Schmitter 1964, 716）。このような危機の際に、当初の目標よりレベルを下げてしまえば統合は後退する。このような観点から一〇の地域協定について吟味したところ、統合の成功の可能性が高いのは、欧州経済共同体（ＥＥＣ）と欧州自由貿易連合（ＥＦＴＡ）だけであると断定した。実際、その後これらの二つの経済統合以外は停滞するか破綻している。

ナイ（Nye 1968）はハース流の「経済統合→政治統合」という定式化を否定し、統合には初めから「経済統合」、「社会統合」、「政治統合」などのタイプの違いがあり、必ずしも経済から政治へ、社会から政治へというプロセスではないとした上で、政治統合にもいくつかの種類があり、この統合の起こる順序について、機能主義と**新機能主義**（neofunctionalism）では考え方が異なると指摘した[④]。

その後、一九六〇年代後半からは欧州統合も停滞した。これは「ルクセンブルクの妥協」（一九六六年の外相理事会合意）により、ほとんどすべての意思決定にコンセンサス（全会一致）方式がとられるようになったことに起因している[⑤]。また欧州統合が停滞しただけでなく、欧州以外の地域で試みられた地域統合の動きも次々と破綻するという事態を目の当たりにして、統合論は一九七〇年代以降、急速に衰退した（Haas 1975）。

しかし、一九八〇年代の後半から欧州統合は新たな段階を迎え、マーストリヒト条約（一九九二年調印、翌年発効）の成立により通貨統合が軌道に乗ったほか、最も統合が難しいと思われている安全保障や外交面でも統合の動きが見られていることから、統合論が再び脚光を浴び始めている。これに伴い統合論も最近ではきわめて多様化している。どのような新理論が出てきているかについては第7章に譲る。

3—国際協調と国際制度（ネオリベラリズム）

1　国際協調論

しかし、多くの場合、国際的経済関係は「統合」と呼べるほど高度なものではなく、むしろ制度を介して、あるいはその時々の問題に応じて政策を調整しあう「協調（cooperation）」と呼ばれる関係に近いことから、一九八〇年代には**国際協調論**が盛んであった。一九八〇年代に発達した合理主義的国際協調論と後述するレジーム論は、当時**ネオリベラリズム**（neoliberalism）と呼ばれた（Nye 1988）。リベラリズムの中でも、国内政治を捨象して、国家を単一のアクターとして扱うこと（これは当時のネオリアリズムと同じ土俵に立つことを目的に行われた）、また国家は合目的的な合理的選択を行うことを仮定していること、の二点が、ネオリベラリズムの前提である。

国際協調論のきっかけとなったのは、繰り返しゲームの理論である。従来、図表2-1のような**囚人のジレンマ**（Prisoners' Dilemma）は一回限りで行われるのであれば、かならず非協調（裏切り）の解が均衡解となるとされていた。ところが、ゲーム論では、このようなゲームが繰り返し行われることにより、協調解も均衡解として現れることが示された。また当時脚光を浴びたR・アク

図表 2-1　囚人のジレンマ

		プレーヤーB	
		協力	非協力
プレーヤーA	協力	(3, 3)	(1, 4)
	非協力	(4, 1)	(2, 2)

注：括弧内の最初の数字がAの利得，次がBの利得で，数が多いほど利得（効用）は高い．

セルロッドのコンピュータ・トーナメントでは，コンピュータのプログラムに繰り返し囚人のジレンマをプレーさせ，得点の高いプログラムほどだんだん数が増えるようにすると，**しっぺ返し**（tit-for-tat）と呼ばれる戦略が，このトーナメントで勝利を収めたことから，しっぺ返し戦略により，繰り返しゲームで協調が広がっていくことが，理論的に可能であることが示された（Axelrod 1984）。

アクセルロッドとコヘインは，このような結果を応用し，国際制度を介して国家が何度も同じようなゲームをプレーするような状態にある場合には，次第に協調的関係が築かれると論じた（Axelrod and Keohane 1986）。またK・オーイエは，繰り返し囚人のジレンマで，⑴当該国家が未来志向であること（これを彼は「**未来の影**（shadow of the future）」と呼んだ），⑵ゲームの利得構造が協調に有利であること（協調解の利得が高く，裏切りの利得が低いこと），⑶プレーヤーの数が少ないこと，の三条件がそろえば，協調がより容易に達成できるであろうと論じた（Oye 1986）。

2　国際レジーム論

すでに「未来の影」を大きくする手段としての制度の役割には触れたが，**国際レジーム**（international regime, 当該問題領域における理念・規範・ルール・意思決定手続きの集合）（Krasner 1983, 1）あるいは国際制度がどのような役割を果たすのかについて，最も本格的に論じたのはコヘインである。[6] 理論構築にあたり，コヘインは法と経済学で有名な定理である**コースの定理**（Coase Theorem）を援用した。

コースの定理とは以下のような内容である。外部性（ある生産者や消費者の行動が他の生産者や消費者に影響を及ぼすこと）が存在する際、市場原理だけに頼っていると社会的に最適な状態（「**パレート最適**」と呼ぶ）にならないことが経済学では知られているが、コースは三つの条件(1)権利の明確な規定、(2)**取引費用**（transactions cost）がゼロ、(3)完備情報）が満たされれば、当事者が自由に交渉を行い合意に達することによりパレート最適に達することができると説いた。この定理は実験などでもかなりの程度、実証されている（コラム2-1を参照）。

コヘインは、権利・取引費用・情報に関するコースの定理の前提条件が国際関係で満たされることはないとしながらも、国際レジーム（あるいはもっと広く国際制度一般）は、権利関係を明確化し、取引費用を引き下げ、情報を提供することにより、コースの定理の前提条件を整備し、合意達成を容易にすると論じた（Keohane 1984）。そのような合意が国際協調の一部であるとすれば、国際レジームは国際協調を促進させる作用があることになる。

またコヘインは機能主義（機能がその物体の存在を説明するとの考え）に則り、国際レジームの浮沈も、国際レジームの機能（あるいはそれに対する需要）で説明できるとした。国際レジームは合意達成を容易にするのであるから、合意形成に対する需要が大きければ大きいほど、あるいは合意の必要性が起こるのが頻繁であればあるほど、国際レジーム設立・維持の需要が高いことになる。したがって経済的相互依存が高い場合、あるいはいくつかの問題が重層的に存在している場合（彼の言葉を使えばイシュー密度（issue density）が高い場合）には国際レジームへの需要が高く、レジームが設立されやすいとコヘインは説いた（Keohane 1983）。また覇権安定論（第1章第2節を参照）が説くように、覇権国の国力が衰えて、国際レジームの維持が難しくなった場合でも、国際レジームに対する十分な需要がある限りにおいては、レジームは維持されるであろうと予測した。

コヘインの理論はきわめて抽象的であるため、これをきちんと実証することは難しいが、いくつかの試みはなされている。たとえば、国際石油レジームに関して、一九七九年のイラン革命を機に発生した第二次石油危機では、国際エネルギー機関（ＩＥＡ）の情報提供が不十分で石油市場は混乱したが、翌年のイラン・イラク戦争発生に伴う石油危機では、前年に匹敵する石油不足が発生したにもかかわらず、ＩＥＡの情報提供が十分に行われたため、石油輸入国の緊密な協調が達成され、パニックが回避されたとコヘインは説いた。これにより、国際レジームの情報提供の機能の重要さが確認されたわけである。

Ｌ・マーティンは経済制裁に関する協調（複数国が共同で経済制裁を行うこと）におけるレジームの役割を、当該経済政策に国連が関与しているか否かにより実証した（Martin 1992）。国連やその他の国際組織の決議に基づき経済制裁が行われるほうが、ない場合よりも協調的に制裁が行われることが確認されたのである。

4―国家以外のアクター

1　脱国家論

さてネオリベラリズムは、ネオリアリズムと同様に、国家を一枚岩と仮定した国家中心の国際関係像を描いているが、本来リベラリズムは国家以外の行為主体（アクター）も重要であるとみなすことを特徴としている。経済的相互依存の増大に伴い、一九六〇年代以降、**多国籍企業**（multinational corporation, transnational corporation）が国際舞台で活躍するようになってきたため、多国籍企業が国際政治において果たす役割について、一九六〇年代後半から活発に議論がされるようになったが、コヘインとナイは、多国籍企業はカントが予測したように必ずしも平和の使者とはならないまでも、国際政治の性格を転換させる役割があるかもしれないとした（Keohane and Nye 1971）。これに対し、R・ギルピンは、リアリストの立場から、多国籍企業が自由に活躍できるようになったのは、米国の覇権下で自由貿易・自由取引が促進されたからにほかならないとし、国家の役割の重要性を再認識するよう迫った（Gilpin 1971）。このように、国際政治における**脱国家主体**（transnational actor）の役割について意見が分かれた。

H・ミルナーは、少なくとも通商分野においては、当該国の企業の多国籍化が進むにつれ、その影響力の結果として、その国の通商政策が自由貿易に進むことを、米国とフランスの例を使って実証した（Milner 1988）。多国籍企業はある国で部品を作り、また別の国でそれを組み立て、またそれを第三国に輸出するなど、複数の国の間で生産工程の分業体制を維持している。したがって、貿易障壁は低ければ低いほど商売がやりやすいことになり、自由貿易を促進するよう政府に働きかけるからである。

また最近では、脱国家主体として**国際NGO**（international non-governmental organization）の役割にも注目が集まっている。しかしNGOについては、コンストラクティビズムのほうが、議論が盛んであるため、第3章で扱うことにする。

またリアリズムの「一枚岩の政府」のイメージに対し、リベラリズムの理論では、政府自体もいくつもの部署や派閥などに分断されていて、それらが国家の枠組みを超えて、それぞれ外国の当該部署と連携しながら協調している点はすでに一九七〇年代から指摘されていたが（Keohane and Nye 1974）、A-M・スローターはそれが近年になってかなり進んできていることを克明に記述した（Slaughter 2004）。また近年ではそのような**政府横断的関係**（transgovernmental relations）は、行政府だけでなく、司法府や立法府にも広がっていることが発見されている。

2　2レベル・ゲーム

またリベラリズムは、いかなるイシューにおいても国内で様々な利害が錯綜しているのが常態であると考える傾向が強い。国内が割れている場合にそのことは外交にどのような影響を及ぼすのか、あるいは、外交交渉が国内の政治にどのような影響を及ぼすのかについては、以前から盛んに議論・研究がなされていたが、この両方向の影響を一つの枠組みで説明する方法として、R・パットナムは**2《ツー》レベル・ゲーム**（two-level game）の理論を提唱した。すなわち、国際的な交渉をレベルⅠのゲームと捉え、国内での交渉や意思決定の過程をレベルⅡのゲームとすると、交渉担当者はこの二つのゲームを同時に考えながら行動しなければならず、両方のゲームで勝てるような戦略をとらなければならないとパットナムは考えた（Putnam 1988）[7]。

国内のゲームは通常きわめて複雑であるため、パットナムは単純化の手段として**ウィンセット**（win-set）の概念を導入した。たとえば、米国の議会では、通商交渉に際して、大統領に交渉権を委譲し、合意内容を賛否だけの選択に限定して批准手続きを行うのが普通となっている（このような仕組みを「ファスト・トラック」（迅速な手続の意）と呼んでいる）。このような場合に、批准され得る合意内容の集合を「ウィンセット」と呼び、ウィンセットから外れているような合意内容の協定は批准されないことになる。

パットナムによれば、ウィンセットは国際交渉に二つの異なる影響を与える。まず、ウィンセットが小さい場合には交渉が困難になる。これは批准されないことを懸念して、ウィンセットの小さい国の交渉担当者は提案をなかなか受け入れることができなくなるためである[8]。またウィンセットが小さいと当該国に交渉が有利になる効果もある。これは相手国の交渉担当者が、当該国で批准されないことを恐れて、譲歩に譲歩を重ねるからである。

またパットナムは逆に国際交渉が国内政治に与える影響についても考察し、例えば交渉次第では、合意を支持する支持層や派閥などが変わることにより国内の政治に変化がもたらされる可能性も示唆した。

筆者はパットナム理論に不確実性の要素を持ち込み、国内政治に関する情報が当該国の交渉担当者に良く伝わっている場合には、小さいウィンセットが交渉のアドバンテージになる可能性も高いが、逆に国内政治の情報を当該国の交渉担当者も良くつかんでいない場合には、第一の効果（交渉が失敗する効果）の方が優勢で、交渉を有利に進める効果は薄いと論じた（Iida 1993b）[9]。

さて、2レベル・ゲームについてはすでに多数の実証研究がなされてきている。[10] 例えば、E・クラウス（Krauss 1993）は一九八〇年代後半に行われた二件の日米経済交渉について比較分析を行った。米通商法三〇一条に基づく制裁の威嚇を背景に行われた半導体交渉と建設市場参入交渉で、前者は一九八六年に一応の合意が成立したが、日本がこれを遵守していないとして翌年に戦後初の対日経済制裁が行われた。これに対し建設協議は円満に解決した。この違いを明らかにするためクラウスは、前者の交渉では日本のウィンセットが小さい上、民間企業の行動も合意内容に含まれていたため、**意図せざる裏切り**（involuntary defection）（具体的には、民間企業によるダンピングの継続）が起こってしまったの対し、後者の交渉では合意がウィンセット内に収まったと分析した。

同様に、ショッパは一九八九〜一九九〇年に行われた日米構造協議に2レベル・ゲームの理論を応用し、構造協議で成功した例と失敗した例の違いはどこにあるのかを探ろうとした（Schoppa 1993, 1997）。このとき、まずカギとなるのは、米国の主張に対して、日本国内にそれを支持する人たちあるいはグループが存在するかであった。たとえば、流通改革や公共投資の分野であれば、日本国内にも聞く耳を持つグループなどが存在したが、逆に系列問題などの分野ではそのような団体は存在しなかった。つまり、前者のほうがウィンセットが大きく、後者はウィンセットが小さいということである。したがって、パットナムの理論によれば、後者より前者のほうが合意形成が容易であることになる。またショッパは国際交渉における交渉担当者の戦略が国内政治に影響を与える例として「参加拡大戦略」について分析し、これにより日本国内での当該イシューに関する政治参加が拡大した場合（特に公共投資と流通改革）には、国内の合意が得られやすいことがわかった。この例からも国際交渉と国内の政治過程が密接に結びついていることがわかる。

5―総　括

本章ではリベラリズムの理論について概観した。リベラリズムは国際関係における相互依存、国内政治、国際制度などの役割を強調する立場をとるのが特徴的である。一九八〇年代には一時、ネオリアリズムに対抗して国家中心の理論構築が目指されたため、国内政治をあえて捨象した理論が席巻したが、その後2レベル・ゲームの理論の台頭により、国内政治は復権を果たした。しかしこの理論と国内政治を捨象したレジーム論とをいかに統合できるのかは依然として不明である。

残念なことに日本ではリベラリズム理論に対する関心は低いのが現状である。しかしIPE全体で見れば、リベラリズムは常に中核的役割を果たしてきたし、今後もそうであろうことは想像に難くない。なぜならば国際経済のスムーズな運営には国際協調は欠かせず、政策の要請上からも、国際協調をいかに円滑にするかについて理論化が求められるからである。リアリズムの理論だけでは協調がいかに難しいかのみが主張されがちである。また、一九九〇年代以降、IPEで国内政治への関心が高まり、比較政治学あるいは比較政治経済論（CPE）との融合が徐々に進んできており、学問的成熟度もそれに伴って飛躍的に向上したといえよう。

本章の要点

- リベラリズムは国際政治について、平和や協調の重要性を強調する傾向が強い。
- リベラリズムでは、相互依存、国際制度、国内政治に着目する傾向が強い。
- 相互依存には、対称的相互依存と非対称的相互依存があり、前者は協調関係に結びつきやすいものの、後者は力関係への影響がある。
- 一回きりの問題では国際協調は達成しにくいが、同じ問題が何度も繰り返し取り扱われる分野では協調しやすい。
- 国際制度には、「未来の影」を大きくするとともに、権利関係の明確化、情報の提供、取引費用の低減などの効果により、協調を促す働きがある。
- 脱国家主体や政府横断的関係により国際関係が変質しつつある。
- 国際交渉と国内政治の連関を双方向に分析する方法として2レベル・ゲーム理論がある。

コラム2-1◆コースの定理

図表 2-2　外部性ゲーム（実験）における交渉選択肢

汚水処理方式	A 国の利得（億円）	B 国の利得（億円）
No. 1（現状）	1,000	−1,200
No. 2	900	−900
No. 3	600	−400
No. 4	500	−400
No. 5	−100	−100
No. 6（完全な汚水除去）	−300	0

コースの定理とは「外部性が存在するとき、⑴権利関係が明確で、⑵取引費用がゼロであり、⑶情報が完全である場合には、自由な取引（交渉）によりパレート最適の状態に至ることができ、パレート最適に達することは、当初の権利関係に左右されない」というものである。これがR・コヘインのレジーム論の基礎となっていることは本文で述べたとおりである。

しかし果たして実際にこのような定理は妥当であろうか。経済学ではこれが実験により何度も検証されてきた。国際政治経済に合うように次のような状況を想定して実験してみよう。

まず、クラスを二人ずつのグループにわけ、次のような指示を行う。

仮にA国とB国が国際河川の上流と下流に位置していると想定し、A国の産業排水がB国に環境汚染の被害を与えているとします。上記（図表2-2）のNo.1というのが現在の状況で、プラスの数字はA国が産業活動から得ている利益、B国のマイナスの数字は、汚水による被害額と考えてください。

B国の希望により、両国はこの問題について交渉を行うことになりました。現在の技術では主に五通りの汚水処理方式（No.2～No.6）があり、下にいけばいくほどA国の財政負担は重いと考えてください。それぞれの損

図表2-3　東大における実験結果

	No. 3を選んだグループの数（割合）	A国の平均得点	B国の平均得点
A方式のグループ（12組）	11組　（92％）	441.75	−316.75
B方式のグループ（14組）	14組（100％）	148.64	51.36

得は、A国の場合は産業の利益から汚水処理の財政コストを差し引いたもの、B国は上記のような環境被害総額と考えてください。

また汚水処理の財政負担はすべてA国が負う必要はなく、B国からA国に対して、何らかの補助金を出すこともできます。逆にA国からB国に対してお詫びのしるしに金銭を譲渡することもできます。

みなさんに決めていただくことは二つあります。まず先の表のNo.1〜No.6のうち、どの汚水処理方式を選択するか、そして第二に、二国間で金銭の譲渡を行う場合には、どの国からどの国に対していくらの額（億単位）を受け渡すかを決めていただきます。

交渉の制限時間は一〇分です。制限時間内に合意がまとまらない場合には、交渉決裂とみなし、以下の二通りの決定方式のうち、いずれかで決定します（各チーム、どれになるかは授業中に指示）。

(1)　A方式——A国が汚水処理方式を自由に決定する。

(2)　B方式——B国が汚水処理方式を自由に決定する。

ただし時間切れの場合には、汚水処理方式のみ決定でき、金銭の譲渡は行いません。

各自のスコア（得点）は上記の表の損得から、両国間で譲渡する金額を合算したものと考え、そのスコアがなるべく高くなるようにプレーしてください。

（以上）

A方式とB方式は、大体クラスが半分ずつになるように座席の位置などで指定する。回答用紙には、誰がどの国の役をやったか、A方式とB方式のどちらでプレーしたか、そしてどの汚水処理方式で合意したか、金銭の授受を行う場合にはいくらの額をどの国からどの国に譲渡するかを記入してもらう。

結果はどうなるであろうか。大半のグループは№3の処理方式を選択する。そしてこれがまさしくパレート最適である。またA方式でやってもB方式でやってもこうなるため、当初の権利関係に左右されていない。

ただし、A方式とB方式で異なるのは、バーゲニング・パワー（交渉力）である。A方式では交渉が決裂した場合、A国が汚水処理方式を自由に選択できるため、例えば、「もっと譲歩しないとねばって時間切れにしてしまうぞ」という脅しを使えば、譲歩を得られる（しかし実際のゲームではそれほど明示的には口にしない場合が多いようである）。

このバーゲニング・パワーの差が得点の差となって表れる。図表2-3は二〇〇五年秋に東京大学で実験を行った際のデータである。

結果として、A国の平均得点はA方式の方が高く、B国の平均得点はB方式の方が高い。このように権利関係は結果の差になって跳ね返ってくる。だから、条約締結交渉などの際に各国が少しでも（初期）条件が良くなるように、激しい攻防を繰り返すのも、もっともであろう。

第3章 国際政治経済論における批判理論

本章では、マルクス主義、コンストラクティビズム、フェミニズムの三つの理論をいっしょに扱う。この三つの理論は必ずしも密接に関係しているわけではないが、いずれも国際政治経済の現状あるいは既成理論に対して批判的である点では一致している。その意味で、本章ではこれらを批判理論として一括する。このほかにも批判理論と呼ばれるものはいくつかあるが、紙幅の関係でこの三つに限ることにした。

このように本章はいくつかの理論を同時に扱うため、その焦点が見えにくくなっているかもしれない。しかし本章を通じて一貫して見られるのは次の大きな論点（疑問点）である。

- 現在の国際経済体制の根本的問題とは何か
- そのような問題の解決はどのようにしたら可能となるか

もちろん、問題の所在およびそれに対する処方箋はそれぞれの理論により大きく異なることはいうまでもない。大まかにいえば、マルクス主義の理論では世界の資本主義的基本性格が変わるまでは問題の解決はありえない。これに対し、コンストラクティビズムやフエミニズムは、人々が長い時間をかけて意識改革を行うことにより、より良い未来が訪れる可能性を否定しない。

まず、IPEにおけるマルクス主義系の理論について解説したい。周知のとおりマルクス主義は戦後日本の社会科学を席巻していた。しかしその後マクロ経済学では近代経済学（ケインズ理論）、またミクロ経済学では新古典派理論が優勢になるとともに、マルクス主義は勢いを失った。また冷戦終了後は、社会主義に対する幻滅とともに、ますます学問としての勢いを失っている。

しかしR・ギルピンが当初から、マルクス主義をIPEの三大理論の一つとして挙げていたように、二〇世紀後半の長い時期にわたってマルクス主義が優勢な理論であったことは確かである。したがって、ここでも簡単ではあるが、その理論的骨子を概観したい。

1—マルクス主義

1 帝国論

マルクス主義の特徴はその独特な歴史観にある。端的にいえば、人間の歴史は階級闘争の歴史だというものである。いつの時代でも、抑圧者階級と被抑圧者階級の間で、闘争が行われてきたという考え方に基づいている。またマルクス主義の歴史観は**史的唯物論**（historical materialism）ともいわれる。唯物とは、「物質的な」という意味で、抑圧者階級が物質的支配を通じて、いかに被抑圧者階級を支配してきたかを表現している。

マルクス主義によれば、現在は原始共産主義、奴隷制、封建制に次ぐ、資本主義という人間の発展段階の一段階とみなされる。また資本主義の後には労働者革命により、最終的段階としての社会主義が到来すると予想された。

抑圧の形態や階級はそれぞれの時代により異なるが、資本主義体制は、労働者の搾取の上に成り立っており、抑圧者である資本家階級は労働者の搾取から得られた「余剰」（利潤）を資本に再投資することにより、資本はさらに増大し蓄積される。この結果、次第に産業は独占状態になり、また資本の投下先も減っていく。これがマルクス主義における資本主義の根本的矛盾（利子率逓減の法則）である。また労働者は貧しいため、消費が伸びない。

しかしこの矛盾に対処する方法として、資本家階級は植民地主義という一時的な解決策を見出した。つまり植民地はあらたな投資先であるとともに、消費先である。かくして資本主義の矛盾の結果として、一八世紀から二〇世紀初頭にかけて、激しい植民地獲得競争が現出した。そして全世界が植民地となったときに、資本主義はその最終段階を迎える。それが帝国主義戦争である（レーニン 一九五六）。この結果、世界戦争が起き、これで資本主義が崩壊すると思われた。確かに第一次世界大戦の勃発でこの予測は的中したかに見えたが、植民地獲得競争が第一次世界大戦の直接の原因であったとは断言しにくいほか、社会主義革命が起きたのはロシアだけにとどまり、その他の国では資本主義は存続した。

第一次世界大戦におけるマルクス主義の最大の誤算は、世界の労働者は、第二インターナショナルの呼びかけにしたがって全世界で革命に立ち上がると思われていたが、実は国民国家の手先となったことであった。また第一次世界大戦中、確かに社会主義革命は起きたものの、革命が起きたのは最も後背地であったロシアだった。このように、マルクス主義の予想がすべて的中したとは言いがたい。

しかしマルクス主義は資本主義に対する非常に根本的な問題意識を全世界に根付かせたという点では、大きな知的貢献をしたと言わざるを得まい。このような観点は現在の新古典派経済学には欠落している。しかしすでに述べたとおり、マルクス＝レーニン主義には未来への予測に対する過信があったことは事実である。学問の中心を未来予測に置くことの危うさを象徴しているともいえよう。

2　従属論

マルクス＝レーニン主義の系譜を引く批判理論として、一九六〇年代から一九七〇年代にかけて**従属論**（dependency theory）が盛んであった[1]。これは植民地主義終焉以降の発展途上国の問題を理論の中心に据えている。第二次世界大戦後、特に一九五〇年代後半以降、途上国は次々に独立を果たしたが、脱植民地化にもかかわらず、自立的な発展を遂げるのが非常に困難であるように見えた。従属論は、それが単に途上国自身の問題ではなく、資本主義に則った国際経済体制全体の問題であり、その根源には、先進国（旧宗主国）に対する途上国の**従属**（dependency）があると分析した。つまり自由主義的国際システムに縛られている限り、自立的発展は難しいというのである（Frank 1967, 1979）。

この従属的な体制には経済的側面と政治的側面の両面があった。まず経済的には、途上国の多くは、植民地化あるいは自由貿易体制の結果として生まれた**モノカルチャー**（単一作物栽培）に依存していた。自国民が食べる主要作物を作る代わりに、コーヒーや鉱物資源などの第一次産品に生産特化し、先進国市場に供給する体制がとられた。この結果、生産物価格は世界市場に左右され非常に不安定になるとともに、生産性向上が遅いことから、常に市況価格も低迷する傾向にあった。特に、A・G・フランクが研究したラテンアメリカではラティフンディオといわれる大土地所有がはびこり、農民は半強制的に働かされて、搾取の対象となった。

外国資本による搾取も行われた。例えば、チリでは多い時には、銅鉱山の九割が米国資本に握られていたという（Frank 1967〔邦訳、八七頁〕）。こうして、**周辺**（periphery）である途上国から**中心**（center）である先進国による経済的余剰の収奪が行われたのである。

また途上国が工業化を図ろうとしても、先進国との競争に阻まれ、なかなか思うようにならない。フランクは、ラテンアメリカの国が工業化を達成したのは、戦争などにより、世界の資本主義体制への依存が一時的に停滞した時期であり、戦後、輸出市場への依存が始まると、再び「脱工業化」したという（Frank 1967［邦訳、二〇一二二二頁］）。あるいはインドやエジプトのように、植民地化される以前には地元の手工業がかなり発達していたにもかかわらず、英国により「奪工業化」されたような例もある（Frank 1979, 88-90, 154-155［邦訳、一三一一一三三頁、二二六一二二七頁］）。

また周辺地域が中心に搾取されている論拠として、従属論はA・エマヌエルやS・アミンの不等価交換説も援用した（Emmanuel 1969; Amin 1970）。中心と周辺地域の生産性の違いは二〜四倍に過ぎないのに対し、実際には二〇〜三〇倍の差をつけて交易が行われており、これにより事実上、資本が周辺から中心に移転されているというのである（Frank 1979, 105-106［邦訳、一五五一一五六頁］）。しかし、この理論は周辺地域の賃金は「外生的」に決まる（市場原理によって決まっているのではない）ことを前提としているため、近代経済学の学派には激しく攻撃された。

従属の政治的要因は、先進国の資本家および地元の資本家の連合により、途上国の政治が牛耳られていたことである。また先進国の要求にさからうような政策をとろうものならば、しばしばクーデターが軍部により起こされ、軍政下に置かれた。このような理論は特に中南米の状況（開発独裁）を説明するのに利用された。このように、先進国と途上国の関係が「中心—周辺」というきわめて抽象的な言葉で表現された。

一九八〇年代になると従属論は急速に勢いを失った。もちろん、従属という概念が非常に曖昧で、客観的に計測しがたいなどという技術的な問題もあったものの、最も大きな理由は、国際貿易体制に組み込まれているにもかかわらず、東アジアや中南米の一部の国は工業化に成功し、見事な発展を遂げていたからであった。したがって、従属論のような、途上国の将来についてきわめて悲観的な理論の信憑性が問われたことになる。②

3 世界システム論

上記のような、発展途上国の「発展」という謎に一つの答えを出したのが、**世界システム論**（theory of world systems）であった。世界システム論は、アメリカの社会学者、I・ウォーラーステインにより確立された理論である。ウォーラーステインはF・ブローデルの大著『地中海』（Braudel［1949］1982）に大きく影響され、この理論を構築することを思いついた。

世界システム論はブローデルの「世界＝経済（economie monde）」という概念に基づき、世界を巨大な分業体制ととらえる（Wallerstein 1974, 1980, 1989,［1983］1995）。ウォーラーステイン以前の従属論では世界経済は「中心」と「周辺」という二層構造になっているとされていたが、ウォーラーステインは「**半周辺**（semi-periphery）」という中間的概念を導入し、三層構造であると主張した。世界システム最下層部の周辺は主に中心への第一次産品の供給地帯と位置付けられ、労働の搾取が行われる。これに対し、中心は商工業および金融の中心地であり、高い収益率を基に資本の蓄積が行われる。従属論では、この強固な国際分業体制から逃れることは難しく、周辺が発展するための唯一の道は、分業体制からの離脱であるとされていたが、ウォーラーステインの世界システム論によれば、半製品生産を行う半周辺地域は、ある程度の収益を上げることができ、周辺から中心への移行も可能であるとした。またこういった半周辺を作っておくことには、中心が周辺に対して、国際分業体制に残留するように説得するための「アメ」としての役割もあるとされている。

このように、世界経済は一個のシステムであり、すべての政治経済現象はそのシステム統御の原理に影響され、またシステム強化の役割を果たしているという視点は、かなり斬新な発想であった。また上記のように半周辺概念の導入により、それまでの従属論に比べてより説明力の高い理論体系に発展した。

4　グラムシ理論

マルクス主義が階級支配における物質的側面（特に生産手段の支配）を強調することはすでに述べたが、イタリアの共産主義者であったA・グラムシは、資本主義におけるブルジョワ（資本家）階級の支配には、強制（物質的側面）と同意（観念的側面）の両方があり、むしろ、同意の部分の方が重要であるとした。そして、支配階級の支配が「正当」とみなされ、被支配階級が広範な同意を与えている場合には**ヘゲモニー**（覇権）が確立されていると定義した（Gramsci 1971, 12）。これはリアリズムや世界システム論における物質的覇権とはかなり異なる概念である（したがって、区別をつけるため、以下グラムシ理論では「ヘゲモニー」と呼ぶ）。

グラムシはヘゲモニーを主に国内レベルの現象と考えていたが、同じことは国際政治経済にも当てはまることをR・コックスは示唆した（Cox 1983）。日米欧のエリートにより、資本主義に関するコンセンサスが築かれ、それが大衆レベルにも流布して、米国を中心とした国際的ヘゲモニーが戦後完成したというのである。しかし、アイデアが常に変化するように、ヘゲモニーも質的変化を遂げる。特に一九七〇年代、第三世界（西側陣営にも東側陣営にも属さない途上国）におけるナショナリズムの高揚に対処する形で、米国を中心に、市場という「懲罰的」システムの強化が図られ、「新自由主義」と呼ばれた。これにより、戦後西側諸国の間で築かれた「埋め込まれた自由主義」（第4章第2節を参照）が危機に晒された（Gill 1990〔邦訳、一四二―一四五頁〕）。

グラムシ理論は残念ながら、国際政治経済論のなかで大きな勢力となるには至らなかったが、観念の役割を重視するコンストラクティビズムと重なる部分が多いほか、後のグローバル化理論（第7章第1節を参照）とも共通するところが多い。その意味では、マルクス主義とその他の理論の掛け橋の役割を果たしているといえよう。

2―コンストラクティビズム

1　コンストラクティビズムとは

マルクス主義が一九八〇年代以降、急速に衰退したのと同じ頃、新たな批判理論として注目を集め始めたのが、いわゆる**コンストラクティビズム**（constructivism）である。この訳については一定しないが、「構成主義」または「社会構成主義」などと呼ばれている。コンストラクティビズムとマルクス主義の関係については明らかでない。国際政治学におけるコンストラクティビズム理論の立役者であるA・ウェントは、マルクス主義者であるR・デュバルに師事したが、ウェント自身はマルクス主義者とはいえそうもない。したがってマルクス主義と共通している点は、現在の国際政治経済のありかたに批判的なことであると述べるにとどめておこう。またコンストラクティビストは既成の国際政治理論にも批判的である。この点もマルクス主義に共通している。

ウェントのコンストラクティビズムの原点は、リアリズムに対する徹底的な批判にある。たとえば、リアリズムでは国益を自明なもの、あるいは所与のものとして扱う傾向が強いが、ウェントによれば、国益は相対的なもので、人の発想方法により大きく異なる可能性がある。また軍事力に対する考え方もリアリズムと異なる。たとえ同じ軍事力でもそれが味方の軍事力であれば脅威にならない（Wendt 1999）。このように、発想の転換が世界の「構造」を変えるという論点がリアリズム批判に用いられている。リアリズム、特にネオリアリズムでは国際政治をアナーキーとしてそれを前提に議論を進めるが、このアナーキーでさえも、国家が自ら「構築（construct）」した「構造」であり、国家の意思さえあれば、それを超えることが可能であるとしている（Wendt 1992）。

またコンストラクティビストの論点に強く見られるのは、ネオリアリズム（あるいはネオリベラリズム）がはらむ合理主義に対する懐疑である。第１章や第２章で見たように、特に一九八〇年代に優勢であったネオリアリズムおよびネオリベラリズムでは、国家は合理的な選択を行いながら行動することが仮定されていた。コンストラクティビストはこのような行動様式を完全に否定するものではないが、少なくとももう一つの思考様式、すなわち**適切性の論理**（logic of appropriateness）を強調する。それぞれの時代において、ある状況下においてどのように行動するのが適切であるかを規定する支配的な規範があり、それに合致していれば適切であり、合致していなければ不適切であると判断される。適切性の尺度は社会により異なり、また時代によっても異なるため、先験的に推測することは困難であるが、もしその尺度がわかりさえすれば、国家の行動も予測できることになる。

コンストラクティビズムの理論では、アイデア（観念）、認識、規範（ノーム）、アイデンティティが重大なキーワードとなっている。そこでこれらについて、もう少し詳しく見てみよう。

2　アイデア（観念）

コンストラクティビストが発想（観念の構築）を重視していることはすでに述べたが、国際関係論で最初に**アイデア（観念）**の重要性を指摘したのは、コンストラクティビストではなく、リベラリストのJ・ゴールドステインであった。ゴールドステインは、米国の通商政策の変遷について、貿易に対する考え方（アイデア）がいかに政策を拘束していたかを解明した（Goldstein 1993）。一九世紀の米国においては、国内産業を保護し、それにより価格を高く保つことが「良いこと」であるとの俗説が広範に信じられていた。したがって、その影響で、いかに政権交代があろうとも、基本的には通商政策は保護主義的であった。しかし二〇世紀になって次第に自由主義的な貿易観が優勢になり、戦後の自由貿易政策につながっているとゴールドステインは解説している。(3)

アイデアが政策にどのように影響するかについて、ゴールドステインとR・コヘインは(1)道案内としての役割、(2)**フォーカル・ポイント**（期待の収斂する点）としての役割、(3)アイデアの制度化に注目した（Goldstein and Keohane 1993）。まず、ある経済問題について、知識の不確実性が高い時、アイデアが道案内としての役割を果たすことがあるとされる。たとえば、上記の例でいえば、一九世紀にはすでに自由主義的貿易理論は存在したものの、とくに科学的に確固たる地位を占めていたわけではなく、選択肢の一つに過ぎなかった。したがって、そのような状況下で、仮に誤りであるにしてもあるアイデアが優勢になるとそれが続いてしまうことは当然ありえる。またいずれも均衡解となりうる選択肢が複数あるときに、あるアイデアがフォーカル・ポイントとして選ばれる可能性もある。また、あるアイデアが法律や官僚組織などの形で制度化されると、そのアイデアの真偽とは関係なく、長い期間にわたって政策を拘束することになる。

しかしゴールドステイン＝コヘインのアイデア論はあくまである程度の合理性を前提としたもので、純粋にコンストラクティビスト的とはいえない。よりコンストラクティビストの考え方を反映しているのは、以下の認識共同体の理論である。

3　認識共同体

統合論で有名なE・ハースは一九七〇年代のころから、すでにある一定の分野において科学者が大きな役割を演じていることを強調していたが（Haas, Williams, and Babai 1977）、この発見を一般化し精緻化したのがその息子のP・ハースである。彼は、特に環境の分野において、認識（科学的知見を含む）を共有している科学者と政策担当者のネットワークが政策決定に大きく関わっていることに注目した。またその後の共同研究で、このようなネットワークは環境分野のみならず、さまざまな分野に存在していて、大きな力を発揮していることを突きとめた。彼らはこのようなネットワークを「**認識共同体** (epistemic community)」と呼び、「ある問題領域において公に認められた専門知識と権限を持ち、当該領域内における政策に関連した知識に関して権威ある主張をする資格を有する専門家ネットワーク」と定義した（Haas 1992b, 3)。

このようなネットワークの知的貢献は、環境問題で特に際立っているが、その他の分野でもあり得る。例えば、E・キャプステインは、BIS自己資本規制（バーゼル合意）の形成過程について調べた結果、中央銀行におけるエコノミストから構成される、この問題に関する認識共同体が、次第に銀行業における自己資本充実の重要性を認識するようになっていったことを裏付けている（Kapstein 1992）。またW・ドレークとK・ニコライデスは、英米の経済学者および通商政策担当者の間でサービス貿易に関するアイデアが次第に具体化され、それに従って関税及び貿易に関する一般協定（GATT）のウルグアイ・ラウンド交渉において、サービス貿易自由化が大きな議題となっていったことを実証している（Drake and Nicolaïdis 1992）。

させて、アイデアには世界観（world views）、因果関係に関する信条（causal beliefs）と規範的信条（principled beliefs）の三種類があることは、ゴールドステインとコヘインによっても指摘されていた（Goldstein and Keohane 1993, 8-10）が、なかでもその後のコンストラクティビズム理論で強調されるようになったのは、理念的信条に該当する「**規範**（norm）」の概念である。規範とは「あるアイデンティティを共有する者に適用される適切性の基準」である。[4]

4　規範

たとえばA・クロッツは、アパルトヘイトに反対する規範がいかに国際的な規範へと昇華していき、次第に世界が一丸となって反アパルトヘイト運動に結集するようになっていったかを確認している（Klotz 1995a, 1995b）。南アフリカ共和国では、一九四八年から一九九一年まで少数派の白人の政治的優位確立と、黒人の隔離政策を柱とするアパルトヘイトが行われていたのは周知のとおりだが、国際社会は当初何ら実効性のある対策を打ち出すことができなかった。その理由は第一に、米国が、一九六〇年代の公民権運動が成功を収めるまでは、かなりひどい人種差別を続けていたこともあり、アパルトヘイトを強く糾弾すれば、自らの政策にも跳ね返ってくる可能性があったことである。第二に、南アフリカは資源の豊富な国であり、先進国は投資や貿易など強い経済的つながりを維持していたため、経済制裁などを行えば、自国の企業などに痛手となりかねなかったことである。したがって、一九八〇年以前に経済制裁を行ったのは、一部の国々に限られていた。ところが一九八〇年代になり、南アフリカの主要取引国である米国と英国が経済制裁に踏み切り、ついに一九八九年、デ・クラーク政権はアパルトヘイトの廃止を決定した。そして一九九四年には全人種参加の総選挙により、同国初の黒人大統領が誕生したのである。

このように、ある規範が一国内だけにとどまらず、世界を巻き込む国際規範となっていく過程を、コンストラクティビストは解明しようとしている。M・フィネモアとK・シキンクによると、規範は往々にして、ある時点で、**規範企業家**（norm entrepreneur）によって考え出される。例えば、一九世紀に国際赤十字を設立させたデュナンなどがその好例であるという（Finnemore and Sikkink 1998）。

またそのようにして考案された規範は次第に世界各地に伝播《でんぱ》していく。その一つのカギとなるのは、**転換点**（tipping point）の考え方である。ある規範が国際的に広がり始め、世界の約三分の一の国々に受容されるようになると（こうなった時点が転換点である）、それ以降、急速に普及の速度が増し、**規範のカスケード**（滝のように激しい流れ）が起きるという（Finnemore and Sikkink 1998, 261）。なぜそのような現象が起きるのかは定かではないが、「バスに乗り遅れまい」という脅迫観念、あるいは国際的に孤立することに対する恐怖感がその背後にあると思われる。

また国別に見ると、ある国が国際規範を受容していく過程は、五つの段階に分かれるといわれる。まず第一段階は「抑圧」で、そのような規範が存在することすら無視される。次に、第二の段階では、受容に対する抵抗が始まる。第三段階では、戦術的譲歩が行われ、形式的に規範を受容するそぶりがとられる。しかし形式的であるにせよいったん規範が受容されると「行動規定的（prescriptive）」役割を果たすようになるのが第四の段階であり、最終段階では、規範が当然視されるようになる（Risse and Sikkink 1999)。

またこのような国際規範の国内受容過程（internalization）には、国際ＮＧＯネットワークの果たす役割が重要であると思われている。ここで見られるのは、**ブーメラン効果**という現象である（Keck and Sikkink 1998, 12-13）。人権ＮＧＯや環境ＮＧＯなどが、自分たちが関心のある問題について、新たな規範を広めたいと考えているとしよう。しかし、そのような新しい規範には政府や社会の抵抗が強いのが常である。したがって、国際的な繋がりをもつＮＧＯはまず国家の枠を越えた戦略を考える。国際機構や主要な外国政府に対して、働きかけを行い、まずこのような規範の国際化（例えば、国際条約にするなど）を図り、それをテコに自国の政府にプレッシャーをかける。すると、次第に自国政府も抵抗が難しくなり、上記のような段階を経て、規範の受容（内部化）が行われようになる。つまり、もとの規範の発信源（ＮＧＯ）は国内にあり、それが巡り巡って自国の規範となって浸透するため、これをブーメラン効果と呼んだのである。⑤

5　アイデンティティ

さてコンストラクティビズムの理論に頻出する概念の中でも、特にわかりにくいのが**アイデンティティ**（identity）である。アイデンティティは、「自己同一性」などと訳されるが、日本語としてもっともなじむのは、「～らしさ」という考え方である。つまり、単に自分が誰であると考えているかどうかだけではなく、社会（他者）が自分を「～」とみなしてくれるための属性を備えているかどうかの判断である。「日本人らしさ」といえば、単に自分が日本人としての資質を備えているかどうかだけでなく、社会がはたしてそのようなコンセンサスを持っているかがカギとなる。アイデンティティが「間主観的(intersubjective)」なものであると言われる所以である。

また「日本人」とか、「アジア人」とか、一般的なアイデンティティのほかに、それぞれの社会における個人あるいはその他の主体の役割を規定する「役割アイデンティティ」という概念が行動を強く規定するという（Wendt 1999）。例えば、日本であれば、「平和憲法」に基づく「平和国家」といった、国際社会における一定の役割があるとみなす考え方である。もちろん、それが何を意味するのかは、自己理解および他国との交わりの中から生まれてくるもので、その概念から単純に導かれるものではない。

アイデンティティは国家の行動を微妙に規定する。たとえば、A・グロウィッツによると、日本は他国に比べ国際規範を受容する努力を惜しまないが、それは日本が世界の中心部にないため、なるべく世界の一員になろうという努力をしているからであるとされている（Gurowitz 1999）。また、同様に日本と豪州はともに、アジアの一員としての、あるいは欧米先進国の一員としてのアイデンティティが希薄であるため、アジア太平洋共同体を作ろうという努力をする傾向がある。これはそのような形で自己を包摂する新たなアイデンティティを強化しようという意図があるからだと大庭（二〇〇四）は説明している。この努力が結実したのがアジア太平洋経済協力会議（ＡＰＥＣ）である（コラム3-1を参照）。

6　フェミニズム

最後にＩＰＥに近年大きな影響力を及ぼし始めている**フェミニズム**にも簡単に触れておきたい。フェミニズムもある意味ではコンストラクティビズム理論の一形態と考えることができる。人為的性差（ジェンダー）というアイデンティティを問題とし、その歴史的変遷を記述し分析する点、また性差に関する規範がどのように作られ、どのように変化しているかということに着目する点で、規範とアイデンティティを中心概念とするコンストラクティビズムと軌を一にしている。

「〜らしさ」という言葉から、すぐ連想されるのは「男らしさ」「女らしさ」という概念であろう。今日の日本では「女らしさ」などを強調すれば、時代錯誤と思われかねないが、それが時代錯誤と思われるのは、フェミニズムがいつの間にか日本にも定着した証拠ではないだろうか。フェミニズムは、社会がこれまで人為的に作ってきた性差を好ましくないものとみなし、それを是正しようという運動であるからだ。

フェミニズムはもともとは政治運動（女性解放運動《ウーマンリブ》）としての意味合いが強かったが、理論的には社会によるアイデンティティの人為的な構築およびその暴露、そしてその矯正に着目する理論といってよかろう。世の中には、男性・女性の間で性的分業体制が人為的に作られている。それは「男はたくましいもの、女はか弱く、男に依存するもの」という固定観念（最初は人為的に作られるが、次第に無意識のうちに当たり前と思われてしまう考え方）に基づくものである。たとえば従来、戦争では兵士は男性であり、女性には銃後の役割しか与えられてこなかった。もちろん今日では軍隊に女性も参加しているが、それが認められるようになったのはまだ最近のことである。

開発の分野では、女性の開発における役割（ＷＩＤ）が強調され始めてから久しいが、なかなか成果が上がらない。やはり経済発展も男性中心の経済活動を中心に考えられているかららしい。ＷＩＤ型の開発プロジェクトが成功するのは、女性の担う役割に関する従来の固定観念を脅かさない限りにおいて実施される場合だけであるという（Whitworth 1997〔邦訳、七二頁〕）。またＣ・エンロー（Enloe 1989）は国際観光業における男女の性差を問題視している。たとえば、主に利用客は男性で、サービス提供者は女性である。サービス提供者には客室乗務員だけでなく、途上国におけるセックス・ツーリズムの担い手も含まれる。また繊維産業も男女の性差の問題が世界的に深刻であるという。縫製業における「針子」はもっぱら女性であるが、彼女たちは二束三文で酷使されていることが多い。その理由はさまざまであるが、エンローは、雇用主が女性は家計の大黒柱ではないと誤認していること、また労働組合も男性中心で女性の問題に無関心であることなどが原因となっていると主張している。マルクス主義との関連でいえば、階級的な抑圧はジェンダーをめぐる抑圧と共存しているとフェミニストは指摘する。

しかし従来どおりの性差がそのまま維持されるわけではなく、時代と共に変化する。このような性差の変化を記述し分析するのもフェミニズムあるいはジェンダー研究の特色といえよう。例えば、もっぱら男性のビジネスマンを読者として想定している英『エコノミスト』誌の記事あるいは広告の内容分析をしたある研究によれば、少なくとも一九九〇年までは、恰幅《かっぷく》のよい紳士が顧客に安心感を与えるようなタイプの広告が国際金融界では一般的であったのに対し、その後一九九〇年代に女性的なマネージメントのスタイルが流行してきたという（Hooper 2000, 61-62)。したがって、性差に関する規範も決して一定したものではなく、かなり流動的であることがわかる。

3―総 括

批判理論は非常に多岐にわたるため、端的に語るのは難しい。しかしそれでも一言でまとめるとすれば、批判理論の効用は、われわれがいつの間にか「当たり前」と思っていることが実は当たり前ではなく、歴史的偶然であるか、あるいはある時点での人間の作為の結果であることを思い起こさせてくれることであろう。従来、大国は「帝国」であることが普通であったが、今では植民地を持つことは「普通」ではないと思われている。しかしこれは形式的な面だけで、発展途上国の多くは旧宗主国に対して従属しているとマルクス主義は批判する。またアイデンティティもいつの間にか作られ、それにより国家の行動も微妙に左右されているというのがコンストラクティビズムの考え方だ。それをジェンダーの問題に応用したのがフェミニズムと考えることができよう。現在は、男女の人為的な性差を取り除こうという努力が行われているが、知らず知らずのうちに、われわれの行動はジェンダーに関する固定観念に規定されているのである。

マルクス主義が近年急速に勢いを失い、またそれにとって代わる批判理論としてコンストラクティビズムやフェミニズムが台頭してきたことは本文中にも述べたとおりである。しかし理論の内容は変わりこそすれ、主流の理論であるリアリズムやリベラリズムが見逃しがちである点、例えば現在の世界経済システムが途上国における貧困の悲劇の上に成り立っていること、あるいは女性やその他の弱者が見落とされがちである点などを矯正する上では批判理論の視点は非常に有用であるといえよう。

―本章の要点

- マルクス＝レーニン主義は、資本主義の発展と内的矛盾の結果として帝国主義が起こり、植民地をめぐる対立へと発展すると考える。
- 公式な帝国が終焉したあとでも、途上国は先進国に従属しており、そのためなかなか自律的な発展ができない（従属論）。
- それぞれの国家の発展は世界経済という大きなシステムの機能とニーズにより規定されている。国家独自の発展は困難である（世界システム論）。
- 世界システムは、覇権国が資本主義イデオロギーを各国のエリートや市民社会にまで浸透させ、暗黙の同意を構築することによって存立している（グラムシ理論）。
- コンストラクティビズムは、政策決定あるいは政治において、アイデア（観念）、規範、アイデンティティなどが大きく影響すると主張する。
- フェミニズムは、われわれの行動は男女の性差に関する固定観念により規定されていると考える。

コラム3-1◆アイデンティティが先か統合が先か

アジアの地域統合についてよく言われることは、アジア各国の人々には「アジア人」としてのアイデンティティが希薄であるから地域統合は難しいであろうということである。確かに欧州と比べれば、アジアにおける地域アイデンティティは希薄かもしれない。しかしそもそも、欧州ではそれほど地域アイデンティティが強いのであろうか。また経済統合の始まったころからすでに地域のアイデンティティが強かったのであろうか。それとも統合が進むにつれて、アイデンティティも強まってきたのであろうか。つまり、「卵が先か鶏が先か」のような問題が統合とアイデンティティの間にも存在する。

これらの疑問にすべて答えるのは難しい。とはいえ欧州ではかなり以前よりアイデンティティについて統計的調査が行われている（ユーロ・バロメーター）。この結果から何らかのヒントを得ることはできないだろうか。

まず最新のデータを見てみよう。欧州委員会は三〇年ほど前より、加盟各国の世論調査を行ってきているが（最も古いのは一九七四年版）、アイデンティティについて過去一〇年あまりにわたって、次の質問を行っている。「近い将来、あなたは自分自身をどのように感じると思いますか。①［　］人としてのみ（［　］の部分は調査当該国名を挿入）、②まず［　］人、次に欧州人と感じる、③まず欧州人、次に［　］人であると感じる、④欧州人としてのみ、のなかから回答してください」。

二〇〇四年の秋（一〇〜一一月）、欧州連合（EU）全体では①四一％、②四七％、③七％、④三％と、②の回答が約半分を占めたが、①（ナショナリスト）もかなりの数に上っている（European Commission 2005, 94）。したがって、欧州のアイデンティティはあくまで国家のアイデンティティを基盤としたもので、まったく欧州アイデンティティをもっていない人も相当数いることがわかる。

次に時系列的にはどうであろうか。年によって変動があるが、一〇年前の一九九四年のデータでは①三三%、②四六%、③一〇%、④七%と、①の数が少なく、③④の割合が二〇〇四年よりも高い。しかし、この間に加盟国が増えているため、全体の数字を単純に比較することはできない。

また国によってかなり違いがあることもはっきりしている。②の回答が多い順に並べると、キプロス（五九%）、マルタ（五七%）、フランス（五五%）、オランダ（五四%）、デンマーク（五三%）、アイルランド（五三%）、スロベニア（五一%）、イタリア（五〇%）、エストニア（五〇%）、ポーランド（五〇%）、ベルギー（四九%）、ドイツ（四八%）、スペイン（四八%）、オーストリア（四八%）、スロバキア（四八%）、ポルトガル（四六%）、スウェーデン（四五%）、ラトビア（四五%）、フィンランド（四一%）、ギリシャ（三七%）、ルクセンブルク（三七%）、チェコ共和国（三七%）、リトアニア（三七%）、英国（三五%）、ハンガリー（三二%）の順である。原加盟国六カ国（独、仏、伊、ベネルクス三国）は、ルクセンブルクを除いては、EU平均を上回っている。またルクセンブルクも④の回答が一七%と、突出して多く、その分②の回答が少なくなっている。したがって、最初から統合に参加してきた国では欧州意識が強いことになり、アイデンティティは統合の必要条件というよりは、統合に伴って培われてくるものと考えたほうがよさそうだ。

次にアジアにおける地域アイデンティティであるが、アジア・バロメーターというアンケート調査によると、二〇〇四年の調査では、自分をアジア人であると答えた人の割合は、多い順に、カンボジア（九九%）、ベトナム（九三%）、フィリピン（八九%）、タイ（八七%）、ミャンマー（八〇%）、シンガポール（七八%）、ブルネイ（六九%）、マレーシア（六八%）、韓国（六六%）、ラオス（五九%）、インドネシア（三九%）、日本（二七%）であった（Inoguchi et al. 2006, 455）。質問の仕方等が違うので、単純な比較はできないが、日本以外の国では、ユーロ・バロメーターの結果と比べて、アジア人意識が特に低いということはない。なお二〇〇三年の調査では、中国ではアジア人と答えた人が六%、インドが二一%と低いこ

図表3-1　世界価値観調査におけるアイデンティティ調査結果

回答者の地域	①あるいは②	③	④あるいは⑤
北欧	53	36	11
北西欧	62	25	13
南西欧	64	23	13
アジア	55	32	13

とから、大国ほど地域意識は弱いようである（猪口他 二〇〇五、三四三頁）。

最後に欧州とアジアで地域アイデンティディにはっきりした差があるかどうかだが、面白い結果を紹介しよう。世界価値観調査（World Value Survey）という世界規模で行われた調査結果によると、「あなたは以下の地理的区分のどれに所属すると思いますか」という質問に対して、①自分の住む市町村、②自分の住む州や地方、③自分の国、④自分の国が属する地域（北米、欧州、アジア、ラテンアメリカなど）、⑤世界の中から複数回答してもらったときに、第一の回答（自分がまず所属すると思う地理区分）を欧州とアジアについて比べると図表3-1のようであった（Norris 2000, 168）。

このように、どこでも人々がまず帰属意識をもっているのは、身近な地方であり、次に国を回答する人が多いことがわかる。上の表では④と⑤がいっしょになっているため、地域アイデンティティについてははっきりした差があるかどうかはわからないが、特に欧州とアジアで際立った違いがあるとは読み取れない。したがって、アジアの特殊性を過度に強調するのはいかがなものか。

参考文献　猪口他（二〇〇五）；European Commission (2005); Norris (2000); Inoguchi et al. (2006)

第4章 通商政策・通商制度の政治経済学

本章からは主な問題領域別に、理論と実証を交えて論じる。まずは国際政治経済論（ＩＰＥ）の中でも最も中心的な分野である通商問題に焦点を当てよう。まず戦前から戦後にかけての通商の歴史を概観したのち、古典派貿易理論を紹介し、なぜ各国政府はこの理論から乖離《かいり》した政策をとるのかという疑問を切り口としたい。次に自由貿易を推し進めるための手段として国際通商制度について論じる。現在のＧＡＴＴ・ＷＴＯ体制を概説した後に、どのような政治力学が働いているのかについて、いくつか異なる理論を紹介する。

本章では以下のような問いに答えたい。

- 貿易がもたらす利益とは何か
- 自由貿易が簡単に達成されないのはなぜか
- 自由貿易を可能にするために現在どのような国際体制が構築・運用されているか

1―通商小史

1　通商体制の崩壊

現在の自由貿易体制を理解するには第二次世界大戦前にいかに国際通商体制が崩壊してしまったかから話をはじめるのが妥当であろう。そもそも第一次世界大戦前のパックス・ブリタニカの時代には、欧州を中心とした比較的開放的な体制と、それぞれの宗主国と植民地の間の帝国貿易という、二重の構造になっていた。また日本は不平等条約により関税を低く抑えられていたため、欧米の貿易体制に組み込まれていたといってよい。

国際通商体制は第一次世界大戦後、停滞していたとはいえ、次第に貿易は回復しつつあったが、一九二九年の米国の株価暴落および恐慌の始まりを機に、米国で保護主義が急速に台頭し、翌年に成立した**スムート＝ホーレー関税法**により、米国の関税は前代未聞の水準に引き上げられ、そのため多くの品目の輸入がほとんどストップしてしまった。米国の政策はそれまでにも保護主義的であったが、それでもこの高関税が世界の通商システムに与えたショックは甚大であった。

このあおりで最初に悲鳴をあげたのは隣国のカナダだった。カナダは米国市場への依存度が高かったため、市場喪失を補うために英国に救援を求めた。その結果、一九三二年のオタワ会議で、英連邦諸国間での特恵関税体制が合意された。これによりカナダなど旧英領植民地国は英国市場に優先的に輸出できるようになったのである。しかし、これに次いで欧州列強は次々と閉鎖的な貿易ブロックを形成するようになり、植民地あるいは旧植民地国との結びつきが強化された。

このように各国が保護主義、差別貿易に傾くなか、貿易高は急激に縮小していった。一九二九年から一九三三年までに世界の貿易量は三分の一にまで減少したのである。こうして貿易体制の崩壊を通じて世界大恐慌はさらに悪化していった。このようななかで日本のように資源の少ない国が新天地に活路を求めて軍事的拡張主義に走ったことは、第二次世界大戦の遠因にもなった。一方、米国はスムート＝ホーレー関税法の教訓を基にルーズベルト民主党政権が成立するやいなや、**互恵通商協定法**（**RTAA**）を通過させ、これを基に次々と隣国と二国間協定を結び、次第に貿易を回復させていったことにも注目すべきである。

2　GATT体制下での貿易自由化

このような教訓を基に、第二次世界大戦中から英米の間で、戦後の通商体制再建に関する話し合いが早くも始まっていた。米国は自由貿易に基づく開放的通商体制の構築を目指したのに対し、英国は英連邦の特恵貿易の維持を望み交渉は難航した。このため、戦後の通貨体制であるブレトン・ウッズ体制（第5章第1節を参照）はすでに大戦中の一九四四年に合意されたのに対し、通商体制に関する合意は、戦後まで遅れることになる。

英米は国際通商体制の指令塔となるような強大な国際機構の構築を考えていた。これが国際貿易機構

（ITO）構想である。現在の**世界貿易機関**（**WTO**）にも匹敵するこの国際機構の青写真は一九四八年のハバナ会議で締結される**ハバナ憲章**のなかに盛り込まれた。しかし、当初からハバナ憲章には米国連邦議会で反対が強く、批准が難航することも予想されたため、その前段として、ハバナ憲章の一部である**関税及び貿易に関する一般協定**（**GATT**）だけを行政協定として暫定的に発効させることが画された。したがって、米大統領の交渉権限が切れる直前にGATTの暫定適用議定書が署名されたのである。このように、GATTはあくまでもITOができるまでの「つなぎ」に過ぎなかったのである。また事務局も国連からリースするという形が取られた。このように厳密にいえば、条約でもなく国際機構でもないレジームにより、国際通商体制は予想を上回る発展を遂げたのである（日本のGATT加入についてはコラム4-1を参照）。

その後、GATTをフォーラムとして、五次にわたり関税引き下げ交渉が行われたが、特定の国を中心とした品目別の交渉だったこともあって、自由化は遅々として進まなかった。関税引き下げに弾みがつくようになったのは、一九六四年に始まったケネディ・ラウンドで、鉱工業品の関税を一括して引き下げる交渉をするようになってからのことである（図表4-1を参照）。その後、東京ラウンド、**ウルグアイ・ラウンド**を経て、先進国の鉱工業品関税は微々たる水準まで下がった。また東京ラウンドではアンチダンピングなど非関税障壁についても交渉が行われるようになった。ウルグアイ・ラウンドでは、それまで事実上GATTの枠外とされていた農産品やサービス貿易についても協定が結ばれただけでなく、知的財産権や投資措置なども、貿易に関連する限りにおいてGATTの枠内で規律することが合意され、

図表 4-1　GATT および WTO での多国間貿易自由化交渉

ラウンド名	期間	参加国	自由化対象（関税引き下げ方式）	結果
ジェネーブ	1947	23	関税（品目別交渉）	45,000 品目につき譲許
アネシー	1949	29	関税（品目別交渉）	5,000 品目につき譲許
トーキー	1950-51	32	関税（品目別交渉）	8,700 品目につき譲許
ジュネーブ	1955-56	33	関税（品目別交渉）	若干の引き下げ
ディロン	1960-61	39	関税（品目別交渉）	4,400 件の譲許交換
ケネディ	1964-67	74	関税（リニア方式），非関税障壁	平均 35%の引き下げ
東京	1973-79	99	関税（フォーミュラ方式），非関税障壁	平均 1/3 の引き下げ，東京ラウンド・コード
ウルグアイ	1986-94	103（開始時）117（終了時）	関税（フォーミュラ方式），非関税障壁，知的財産権，紛争処理など	平均 1/3 の引き下げ
ドーハ	2001-	142（開始時）150（2007 年 1 月現在）	関税（フォーミュラ方式），貿易円滑化，貿易と環境など	交渉中（2007 年 5 月現在）

出所：Hoekman and Kostecki（[1995] 2001, 101 Table 4. 1).

国際通商制度の守備範囲は格段と広がった。

このようにして戦後、国際貿易は順調に拡大を続けた。図表4-2は、物品貿易の伸び率（実質ベース）と物品（農産品および鉱工業品）の生産高の伸び率とを比較したものである。いずれの時期においても、生産を上回るペースで貿易が拡大していったことがわかる。

しかしその一方で、保護主義も依然として根強く残っていた。特に国際経済が非常に不安定化した一九七〇年代には、米国で「新保護主義」と呼ばれる動きがあり、日本を含め、米国に輸

図表 4-2　物品貿易および生産高の伸び率（%）

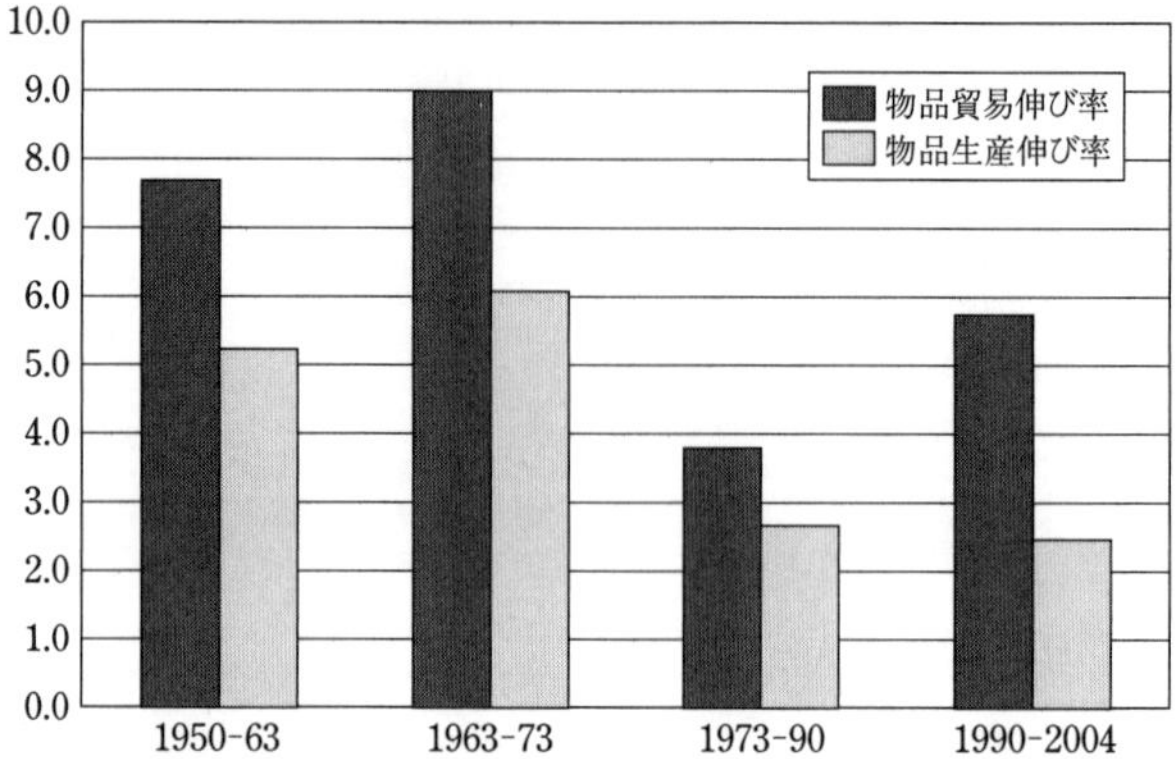

出所：WTO（2005）.

出している国々は、さまざまな形で輸出を制限された。八〇年代には数次にわたって自動車の**輸出自主規制**（voluntary export restraint, VER）も強いられた。

また一九八〇年代、レーガン政権のもとで双子の赤字が増大する中、米国の対外収支赤字は日本などの主要貿易相手国が不公正な貿易慣行を行っているのがその一因であるとの考え方が米国内で強くなり、そのような不公正慣行を止めさせる手段として、**米通商法三〇一条**（Section 301）が頻繁に発動されるようになる。三〇一条とは、米国の貿易相手国が不公正な貿易措置を行っていると認定され、協議により問題が解決しない場合には、その貿易相手国に対して報復を科す権限を大統領に与える条項であった。また三〇一条は、外国の貿易慣行について米行政府に申し立てを行う権利を民間企業に与えたため、この権限を活用して活発に申し立てが行われるようになったのも、三〇一条が大いに活用された所以である。

3 ウルグアイ・ラウンドからWTOへ

一九九〇年代になると、米国の単独（行動）主義（unilateralism）の傾向はさらに強まった。クリントン政権は報復の脅しのもとに日本に何度も自由化要求を突きつけた。これがクライマックスに達したのが一九九五年の自動車協議である。自動車協議については、さまざまな研究がなされているため、詳細はそれらに譲るが（日本経済新聞社 一九九五；谷口 一九九七）、寸前のところで報復を回避できたのは、発足したばかりのWTOのおかげであった。ではWTOはどのようにして設立されたのであろうか。

そもそも米国の単独主義が強まった一因はGATTにおける紛争処理の仕組みの脆弱性にあった。GATTでは現在のWTOのパネル・システムに似た仕組みがすでに確立されていたが、これは外交・調停重視のシステムで、敵対的裁判制度に慣れている米国人の目にはきわめて生ぬるい制度であった。というのもパネル（紛争処理小委員会）設置、パネル報告の採択、不履行の場合の譲許停止の承認などが、すべてGATTのコンセンサスによる意思決定方式にしたがっていたため、不利に立った側が手続きを途中で止めることがきわめて容易にできたからである。(1) このため、米国はGATTの紛争処理を迂回し、自分で紛争を処理しようという誘惑に駆られたのである。

したがって、一九八六年から始まったウルグアイ・ラウンドで、米国はGATTの紛争処理制度の強化を呼びかけた。これに対し、欧州や日本は従来どおりの外交的な紛争処理が望ましいとした。しかし米国の単独主義は強まる一方であったため、欧州・日本は米国が単独主義を自粛する代わりに、米国の望むGATT紛争処理強化に同意するという取引が成立した。この結果できたのが紛争処理強化を定めた紛争解決了解（DSU）であり、WTOの大きな特徴となっている。

この強力なWTO紛争処理制度の成立後、米国の単独主義は次第になりを潜め、多くの貿易紛争はこの多国間の制度を介して処理されるようになった。とはいえ、WTOの紛争処理制度も決して万能というわけではなく、WTO勧告に対する不履行の結果、報復に至ったケースも何件かある。しかし、それらを除いては、大半の紛争が大きな政治問題となることなく解決されていることは高く評価されてよかろう。もっとも、このことは、貿易紛争が政治と無関係となったということを意味しない。ただ法的な用語や手続きが用いられるため、その政治性が見えにくくなっているだけである。

多国間の紛争処理制度構築が成功した反面、これまでのようなラウンド交渉は遅々として進まなかった。ウルグアイ・ラウンドからの積み残し案件であった農業・サービス貿易分野の自由化交渉は予定どおり二〇〇〇年に始まったものの、それ以外の分野を含めた多国間交渉は前年のシアトル閣僚会議で開始が決定されるはずだったにもかかわらず、加盟国の足並みがそろわず頓挫していた。二〇〇一年のドーハ閣僚会議で、**ドーハ・ラウンド**の立ち上げに合意がまとまったのは、九・一一米国同時多発テロ事件後の世界経済停滞に対する危機感があったことが不幸中の幸いであった。

一九九九年の**シアトル閣僚会議**は非政府組織（NGO）による抗議行動で歴史に名前を残す会議となった。それまでにも貿易自由化が地球環境や労働条件などに悪影響をもたらすという考え方は流布していたが、そのような理由で数万人規模の抗議行動がWTOに対して起こされたのは、これが最初であった。新ラウンド立ち上げが遅れたのはNGOのせいとは言い難いが、NGOが世界の貿易システムに無視しえぬ存在となったことが象徴的に示されたといえよう。

またシアトルにおけるラウンド交渉の頓挫はもう一つの結果をもたらした。多国間での貿易自由化にしびれを切らした国々が次々と二国間の自由貿易協定（FTA）を結ぶようになったのである（本章第3節も参照）。二国間交渉は多国間交渉より交渉が容易であるため、日本も含め主要国は積極的にFTA交渉を行うようになった。したがって、一九九〇年代初めには数十件であったFTAは現在三〇〇に迫る勢いとなっている。このように現在は多国間での自由化と二国間FTAによる自由化が錯綜する情勢となっている。

2—貿易の利益と保護主義

1　古典派貿易理論

ではなぜ現在、各国は貿易自由化を進めようとしているのであろうか。貿易自由化の思想的支柱となっているのは、D・リカードにより考案され、のちにヘクシャー＝オーリンによって体系化された**古典派貿易理論**である。リカードの理論の核心は**比較優位**（comparative advantage）という考え方である。たとえば、A国ではチーズ一キロを生産するのに一時間の労働が必要で、ワイン一リットルの生産には二時間の労働が必要であるとする。それに対してB国ではチーズ一キロの生産に六時間の労働、ワインの生産には三時間の労働が必要であるとする（図表4-3を参照[2]）。このように絶対的な生産性ではどちら

図表4-3　生産の単位当たり所要労働

	チーズ	ワイン
A国	1キロ当たり所要労働＝1時間	1リットル当たり所要労働＝2時間
B国	1キロ当たり所要労働＝6時間	1リットル当たり所要労働＝3時間

の生産でもA国の方が高いとする。A国とB国で貿易が行われた場合、交換率はそれぞれの国の二商品に対する需要曲線に左右されるが、単純化のため、チーズ一キロに対してワイン一リットルで交換されるとする。すると、A国はチーズの生産に特化（specialize）し、B国はワインの生産に特化することが、双方にとって有益であることが明らかになる。貿易の起こる前、A国ではワイン一リットルに二時間の労働を必要としていた。もしこの代わりにチーズを生産すれば二キロのチーズが得られることになり、これをB国と交換すればワイン二リットルが手に入る。つまり、チーズの消費量は変わらなくとも、貿易以前より二倍のワインが消費できることになる。逆にB国でも同じことがいえる。貿易以前は六時間かけてチーズ一キロを生産していたのに対し、これをワインの生産にふりむければ、二リットルのワインができる。これをA国に輸出して二キロのチーズを手に入れれば、貿易以前より二倍のチーズを享受できることになる。このように自由貿易を行えば、それぞれの国が比較優位のある物品に生産特化し、世界全体としてより多くの生産物を享受できるようになるというのがリカードの主張であった。

無論、上記の例はかなりの単純化を行っている。まず、生産要素として労働力しかないことを仮定しているが、実際にはもっと多様な生産要素（土地、資本、人的資本など）が絡んでくる。また労働についてもセクター間で移動可能であることが仮定されている。すなわち、労働はチーズの生産にもワインの生産にも等しく使うことができると仮定されているのである。したがって、チーズやワインのどちらに完全に特化しても労働生産性は一定であると仮定されている。しかし実際にはそうではない。チーズの生産に慣れている労働者に、急にワインの生産をしろといっても無理であるから、生産性は落ちる。また現代の労働市場のように複雑で硬直性がある場合には、労働者があるセクターから他のセクターに移動することはままならない。無理に移動をさせようとすれば、非自発的な失業を引き起こす。このような問題は古典派貿易理論では無視されている。

このように古典派貿易理論により、中長期的に、また国全体として見れば、自由貿易が経済的には有利であることが示されたわけだが、ここでIPEに突き付けられた課題は、ではなぜほとんどすべての国に保護主義が存在するのかという疑問である。この疑問に答える理論には大きく分けて(1)集合行為理論、(2)階級理論、(3)「強い国家」論、(4)「埋め込まれた自由主義」論、の四つがある。従来から最も多く用いられてきた集合行為理論から議論を始めよう。

2　集合行為理論

集合行為理論（theory of collective action）とは何か。これはM・オルソンが提唱した理論である（Olson 1965）。彼は、ある集団が全体としては利益となることがらについて力を合わせなければならない場合に、なかなか成功しないのはなぜかという問いに、公共財の理論を援用した。集団にとって利益になることは、集団成員の目から見ると集団の公共財に当たる。ミクロ経済学によると、公共財は往々にして最適水準まで供給されない。それは、集団への利益の総和は大きくとも、個人が払わなくてはならない労力と、それによって当該個人に返ってくる利益だけを考えると、割に合わないからである。したがって、集団の成員は集団の利益を考えず、個人の利益を優先するため、そのような集合行為に参加するのをためらう。以上が「集合行為の論理」と呼ばれるものである。しかし、オルソンは、集合行為は構成員が少ない場合には、緊密な連絡と調整を行うことによって可能となるとしている。構成員が少ない場合には、個々人の受けるメリットも当然比較的高くなり、ある程度の労力を払っても十分見合う可能性が出てくるからである。オルソンはこのような集団を「**Kグループ**」と呼んだ。

さて、この理論を応用することにより、各国の通商政策における保護主義を説明することができる。まず通商政策、なかでも関税政策は、政府が利益集団から受ける政治的圧力によって決まる（あるいは少なからず影響される）と仮定しよう。例えば政府が輸入品に高関税をかけることによって貿易保護政策をとると、当該セクターの生産者は利益を受けるのに対して、当該製品を消費する消費者は損をこうむる。高関税によって、当該製品の国内価格が高くなるから、生産者は利潤が増すのに対し、消費者は価格上昇によってそれだけ支出が増えるか消費が減るか、またはその両方となるからである。したがって、この場合、当該セクターの生産者は保護を求めて政府に圧力をかけることが利益となり、消費者は自由貿易（関税の引き下げあるいは撤廃）を求めることが利益となる。しかしどちらの集団にも集合行為の論理が働き、結束するのは難しい。ところが、生産者の場合、当該セクターには二、三の企業しか存在しないことが珍しくない。そのような場合、生産者側はKグループを構成するの対し、消費者は不特定多数であるため、集合行為の論理を克服することができず、政府に何ら働きかけができずに終わってしまう。つまり、貿易政策では、生産者側が圧倒的に有利であるということになる。したがって、生産者がこの集合行為の論理を克服できるセクターでは保護主義がとられることになる。

では、この理論は立証されているのであろうか。まず、先にも説明したとおり、Kグループが構成されるには、関与する主体の数が少なければ少ないほど有利である。すると、単純に考えて、寡占の分野であれば保護主義に向かうはずである（Pincus 1975）。

しかし、ある集団が集合行為を行うかどうかは単に利害の関与している主体の数だけで決まるわけではない。集合行為をとることによる利益の大きさやコストの規模にも影響される。したがって政府への圧力行為を直接測ったほうが、この理論の検証のためには有効であるかもしれない。G・グロスマンとE・ヘルプマンは、そのようなモデルを構築した（Grossman and Helpman 1994）。オルソンの集合行為理論を前提として、生産者は、保護によって得られる利益を政治献金として用いることにより、政府の目標を変えてしまうとした。こうすると、もはや政府の目標は国民所得の最大化ではなく、企業利益と国民利益のミックスの最大化となってしまう。そのような状況の下では保護主義に傾くと予測され、すでにこの理論はデータで実証されている（Goldberg and Maggi 1999；Gawande and Hoekman 2006）。

また、M・ブッシュとE・ラインハートは「冷水器仮説」を提出し、米国の貿易データを用いて実証した（Busch and Reinhardt 1999, 2001）。ある集団が集合行為をとれるかどうかは、単に利益計算だけでなく、お互いがどのように行動するかについての了解がなくてはならず、それは意思の疎通が十分できているかどうかに大きく依存する。そして意思の疎通は、地理的に近いほどとりやすいと考えられる。米国の職場では、休憩時間などに職員が冷水器の周りに集まって井戸端会議をやることが多いことから、これにちなんで、ブッシュとラインハートはこの仮説を「冷水器仮説」と名づけた。そして、少なくとも米国のデータではこの説は支持されていると主張している。

集合行為理論が、企業のレベルだけでなく、政府内にも当てはまることを示すのが、E・E・シャットシュナイダーの古典的な研究である。彼は、米国の一九三〇年関税法（いわゆるスムート＝ホーレー関税法）がいかに成立したかを研究した（Schattschneider 1935）。同法は、そもそもは疲弊した農業を保護するのが目的であったが、株の大暴落に端を発して経営不振に陥った企業の多くが連邦議会議員に働きかけを行い、それに対応して、連邦議会はさまざまな産品について協力（パッケージ化）した結果、前代未聞の高関税体制がしかれた。これは、連邦議員も個々人で保護主義法案を作るのはなかなか大変であるが、みんなの利益が結集できれば、法案成立も容易になると考えた結果である。つまり、議会の一部（しかし過半数をとるのに十分な数）の議員の間で、Kグループが形成されたわけである。議会ではこのような保護勢力が結託して保護主義を進めることが可能であるが、米大統領は「全国区」で選ばれるため、[3] 国益全体をにらんで自由貿易をすすめることが多い（Lohmann and O'Halloran 1994）。したがって、米国では行政府と議会の勢力関係により、貿易政策が大きく左右される（Pastor 1980；O'Halloran 1994）。

3　階級理論

しかし貿易保護といっても、セクターごとに政策がかなり異なるような米国の通商政策の場合と、工業全般に高関税であるような保護主義とでは、質的に異なる。また一口に生産者といっても、企業の集団である場合もあれば、労働組合である場合もある。このような違いがどのように出てくるのか、特に国別差異の由来について、最も著名な理論は、**ストルパー＝サミュエルソン定理**を応用した**階級理論**（あるいはロゴウスキ＝フリーデン理論）である。ストルパー＝サミュエルソン定理とは、**ヘクシャー＝オーリン貿易理論**の発展形であるため、まずヘクシャー＝オーリン理論について解説しよう。同理論によると、リカードのいう比較優位が生まれるのは、国によって生産要素の賦存《ふそん》量（factor endowment）が異なるからだという。ある国では労働が豊富で資本が乏しかったり（発展途上国の多く）、またある国では資本が豊富であるが、労働は比較的乏しかったりする（先進国の多く）。そのような場合、前者は労働集約的な産品の生産に比較優位が生まれ、後者では資本集約的生産に比較優位があるというのである。

ストルパー＝サミュエルソンはヘクシャー＝オーリンの枠組みを踏襲し、物品の価格と生産要素の価格（資本ならば利子率、労働ならば実質賃金、等）の関係を調べたところ、労働集約的産品の価格が上がれば、労働の賦存率の高い国（すなわち労働集約的生産に比較優位のある国）では労働者の価格（実質賃金）が上がり、労働者にとって得であること、またそれとともに資本の価格は下がり、その国の資本家にとっては損であることを理論的に示した。

すると、貿易政策について、次のような予測ができる。労働の豊富な国では、労働集約的生産に比較優位があるため、労働者は自由貿易を望むのに対して、資本家は保護主義を求めるであろう。逆に、資本の豊富な国では、資本家が自由貿易を望み、労働者は保護主義を求めるであろう、と。

R・ロゴウスキは、この枠組みを三要素（資本、労働、土地）に拡張し、相対的要素賦存率の違いにより、国の貿易政策の様相が大きく変わることを示した（Rogowski 1989）。特に貿易が拡大している時期には賦存率の高い要素の政治力が増し、連合を組んで自由貿易政策を推進しようとするのに対し、逆に、そのような生産要素の政治力が落ちれば、保護主義に傾くであろうと予測したのである。すなわち三つの階級（資本家階級、労働者階級、地主階級）の間で、貿易に関する闘争が行われるというわけである。これが階級理論による保護主義の説明である。

しかし、J・フリーデンは、通商を含め経済に関する国内対立はかならずしもロゴウスキのいうような階級対立だけで説明できないことを、南米の例を引いて例証した（Frieden 1991）。例えば、経済対立がセクター別である国もある。この違いはなにか。フリーデンによれば、この違いを決定するのは、資産の特定性（asset specificity）である。経済的な資産（機械のような有形資産だけでなく技術のような無形資産も含む）は時として特定のセクターに密接に関係している。このような特定性の高い資産が多い場合には、セクター間の生産要素の移動が自由にできず、ヘクシャー＝オーリンの枠組みの前提が崩れるため、階級対立は低調になり、逆に経済対立はセクター間で起きる。これに対して資産の特定性が低ければ、生産要素がセクター間を自由に行き来できるようになり、階級闘争の要素が大きくなるはずであるという。M・ヒズコックスはフリーデン仮説を、通商政策のデータを使って立証した（Hiscox 2002）[4]。

4　「強い国家」論

しかし日本の保護主義は集合行為理論や階級理論では十分に説明できない。これは日本の貿易政策が経済的利益集団の損得勘定およびその政治力だけでは説明できないからである。したがって、日本の政策決定により合致している「強い国家」論を紹介しよう。

先進国の経済政策を比較したP・カッツェンスタインは、政府が社会の団体の圧力にかなり依存している「弱い国家（weak state）」と、それに対して政府が社会的圧力からかなり独立して行動できる「**強い国家**（strong state）」があることに注目した[5]。そして、後者のような国家では政府官僚が、彼らの考える「国益」に基づいて政策を策定し、実行しているとしている。特にフランスと日本が強力な産業政策（特定の産業を育成・奨励する政策）を進めているのは、この二カ国の政府に強力な政策手段（policy instrument）が与えられているためであるとした（Katzenstein 1978）。特に日本の場合には、戦後の長い時期にわたって、行政指導に基づく産業政策が行われた。重点産業に選ばれたセクターには資源が優先的に配分されたほか、輸入代替の時期には、貿易保護が行われた。このような政策が、上記のような集合行為理論や階級理論から導き出される結果と異なるのは、単に利益集団や階級の圧力によって産業政策が実行されたのではないからである。

このような官僚主導型の経済政策システムがいかに日本において実行されたかを、Ｃ・ジョンソンは克明に記述した（Johnson 1982）。はたして、日本の貿易政策が通商産業省（現在の経済産業省）の意志だけで説明できるかどうかはともかくとして、戦後の一時期、通産省がかなりの影響力を発揮したことだけは間違いなさそうだ。

日本ほどではないにしても、米国のような「弱い国家」でも、国家の制度（産業からの自律性を担保する制度）が貿易政策に影響を与えることがわかっている。たとえば、連邦議会の議員は地元の産業から強い政治圧力を受けやすいのに対して、前述のように大統領は「全国区」から選ばれるため、さまざまな圧力が中和され、自由貿易に傾きやすい。したがって、議会が通商交渉権を大統領に委譲し、ＲＴＡＡ成立後（第1節を参照）、大統領が自由貿易交渉を行うようになってから、米国の通商政策は急激に自由貿易の方向に向かった。また、行政府の一部を議会から独立させることによっても、同じ効果が得られる。たとえば、**米国国際貿易委員会**（**ＵＳＩＴＣ**）はセーフガードやアンチダンピング申請の際に国内産業に損害があったかどうかを判断する行政組織であるが、制度的に議会の圧力から遮断されている。したがって、政治的圧力に惑わされずに中立的判断がなされるものと考えられている。

5　「埋め込まれた自由主義」論

この節の最後に、なぜＧＡＴＴ体制の下では条件付きの保護（contingent protection, たとえば緊急輸入制限措置であるセーフガードなど）が合法的に許されていたり、貿易を自由化するにしてもじっくり時間をかけて行えるようになっていたかを説明する理論を紹介したい。古典派貿易理論は、自由貿易が国全体の利益になるとしたが、それは必ずしもすべてのセクターについて利益になるといっているわけではないことに注意されたい。たとえば、保護されているセクターを急に自由化した場合、当該セクターの生産者には当然のように損害が出る。また自由化されたセクターで急激に輸入が増加した場合にも大変な損害を被る。そのような場合には、どうすればよいのであろうか。古典派貿易理論が示すことができるのは、そのようなセクターに代償を払っても、まだ国家全体としては利益になるということだけである。

戦後の自由貿易体制は歴史的偶然も重なって、福祉政策と共存するような形で自由貿易体制が整えられたとJ・ラギーは主張し、このような体制を**「埋め込まれた自由主義**（embedded liberalism）」と名づけた（Ruggie 1983）。戦前の自由放任主義（laissez-faire）とは区別するためである。つまり戦後の貿易自由化は国内の福祉政策と矛盾しない範囲で進められたということである。

「埋め込まれた自由主義」が存在していることを本格的に実証したのはD・キャメロンである。彼は、貿易の開放度が高い国ほど、経済全体に占める政府部門の割合が大きいことを発見した（Cameron 1978; Rodrik 1998）。つまり、開放的な貿易体制を保つ政府ほど、国内的にも手厚い福祉を行って、弱者対策を行っているとの解釈である。また社会福祉政策に対する信頼が高いほど、貿易自由化に対する賛同が得られやすいこともわかっている（Hays, Ehlich, and Peinhardt 2005）。

また古典派貿易理論でセクター間の要素移動性が仮定されていることからも推察できるように、自由貿易に対する抵抗を少なくするには、セクター間の移動性を増し、産業調整がスムーズにいくようにすることでも達成できる。カッツェンスタインは、欧州の中小国（スイス、オーストリア、スウェーデン）などはそのように、国家が産業調整を推進することで自由貿易体制の維持を可能にしていると説明した（Katzenstein 1985）。

3―国際通商制度

1　GATT・WTO体制

しかし、一国だけで自由貿易に対するすべての障害を取り除くことは不可能である。したがって、戦後、貿易自由化を徐々に達成するための国際通商制度が整備されてきたことは第1節でも見たとおりである。ではこのような国際通商制度は、第2節で見たような理論とどのように結び付いているのであろうか。

集合行為理論は、生産者の政治活動により保護主義を説明したが、この場合、生産者は輸出業者を含まないのであろうか、という疑問が当然出てくる。輸出業者は、自由貿易から最も恩恵を受けるはずである。もし原料や中間財などを輸入に頼っているとすれば、その価格が下がることによって利益が得られる。しかし、輸出業者が最も自由貿易から利益を得られるのは、外国の市場が開放されることによってである。ところが外国政府には、自国政府に対するほど政治的影響力を及ぼせない。したがって、もし国際的な通商体制が存在せず、貿易政策が一国だけで策定されているとすれば、輸出業者の利益はほとんど無視されてしまう。輸出業者の利益を国家の政策に反映させ、自由貿易に向かわせるには**互恵主義**（reciprocity）の精神に基づいた国際通商体制が必要である。

現在のGATT・WTO体制ではこのような互恵主義に基づく自由化が推進されている。では互恵主義とは何であろうか。互恵主義という言葉は、もう少し広義の**相互主義**（英語では同じreciprocity）を通商の文脈に当てはめて使うときに用いられる。相互主義とは「ほぼ等価の譲歩の同時交換」と定義されるが、貿易自由化に関していえば、例えば、A国からB国への輸出が一〇〇単位（例えば一〇〇億ドル）増大するような譲歩をB国が行ったとしたら、A国もB国からA国への輸出が約一〇〇単位増えるような譲歩をすべきであるという意味になる。しかし、経済には不確実性があるため、そのように意図されたとおりの結果になるかどうかはわからない。また同じ一〇〇単位であったとしても、それが両国にとって同様に「ありがたい」（等価値）かどうかは主観的問題であるため判然とはしない。

このような曖昧さはあるにせよ、互恵主義に基づいて貿易自由化が行われる限りにおいて、輸出業者が貿易政策決定過程に動員されることになるのは確かである（Gilligan 1997）。まず、貿易自由化交渉において、相手国の市場開放が利益になるため、そのような交渉を積極的に行うように政府に働きかけるであろう。また互恵主義の原理により、相手国の市場開放は自国の市場開放にリンクしているのであるから、自国の市場も開放するように迫るであろう。このように二重の意味において、輸出業者は政策決定に関与するようになる。

しかし、これだけならば自由化は多国間で行っても、二国間で行っても、（経済利益の規模の大きさを除いては）政治的には同じはずである。それにもかかわらず、戦後一貫して、GATT（現在ではWTO）による多国間交渉が好まれてきたのはなぜか。

R・コヘインはその経緯を取引費用の概念（第2章第3節を参照）を使って説明している（Keohane 1986）。一九三〇年のスムート＝ホーレー関税とそれに対する他国の報復関税により、国際通商体制は危機的状況に陥ったが、これを反省材料として、続くルーズベルト政権は一九三四年、RTAAを成立させた。これは議会からの委任に基づき行政府が外国と互恵的に関税引き下げを行うことを可能にするものであった。またこの法律に基づき、米国はいくつかの国と交渉を行ったが、その過程で二カ国で交渉を重ねていくことは、かなり煩雑であり手間がかかることに気づいた。これが取引費用（取引費用とは、取引に付随して発生する費用であることに注意）である。したがって、このような取引費用を下げるには、交渉を多国間で、しかも**最恵国待遇**（**MFN**）ベースで行うことが肝要であるとの結論に至ったのである。

最恵国待遇とは、A国がB国に通商上の譲許（譲歩と同義）を行った際に、それと同じ条件が他国にも同時に自動的に許与される仕組みである。これはGATTの第一条に謳われている基本的原理である。この原理は互恵主義の原理に近いものの、同じではない。コヘインは（無条件）最恵国待遇を**拡散相互主義**（diffuse reciprocity）と呼び、等価性・同時性を条件とする**特定相互主義**（specific reciprocity）と区別している。特定相互主義は譲歩の等価性と同時性（同程度の関税引き下げをお互いに同時に行うこと）を強調するのに対し、拡散相互主義では等価性も同時性も曖昧になっている。しかしそれでも互恵主義の一種であることには変わりなく、これによって輸出業者の政策関与意欲がさほど殺《そ》がれるわけではない。

2　自由貿易協定（FTA）

しかし拡散相互主義のもとでは、**フリー・ライド（ただ乗り）**発生の危険性がある。自分が譲歩を行わなくても、最恵国待遇により、他国同士で交換しあった貿易自由化の譲歩の恩恵が自分にも回ってくるからである。特に小国の場合にはなおさらこの誘惑がある。このような観点から、GATT・WTO体制では、加盟国間での自由貿易地域あるいは**自由貿易協定（FTA）**の締結も認められている。少数国間で自由化交渉をすると、それだけフリー・ライドがしにくくなるからである。しかしFTAの締結は無条件に認められているわけではなく、GATT二四条では、「実質的にすべての貿易」について一〇年以内に関税を撤廃するように求めている。

政策論的には、FTAが多国間の貿易自由化に対して、布石（building block）となるのか、それとも障害（stumbling block）となるのかがしばしば議論される。理論的にはどちらもありえるが、FTAがいったんできると、加速度的に増える（現在のような）現象を説明する理論的枠組みとして、K・オーイエの提出した「転換可能な外部性（divertible externalities）」の理論がある（Oye 1992）。経済学ではFTAには貿易創造効果（trade creation，貿易の絶対量が増えること）と貿易転換効果（trade diversion, 貿易が域外国から域内国にシフトすること）の二つの効果があることが知られているが、貿易に限らず、何らかの問題でコストを負わせる相手が他へ転換（diversion）可能ならば、「転換可能な外部性」と呼ばれる。もともと第2章で説明したコースの定理では、工場からの煤煙《ばいえん》とそれによって被害を受ける洗濯屋のエピソードが理論の出発点となっており、このような場合に、両者が交渉して協調が起きるとされていたが、コースは煤煙を清浄化する装置を設置するか、あるいは補償により洗濯屋が我慢するかの選択肢しか考慮していなかった。ところが、オーイエは第三の選択肢として、煙の行き先を転換するという妥協方法も考え得るというのである。たしかに煙突の方向を変えたり、風を送ったりする方法もありえるであろう。このような外部性を「転換可能な外部性」と呼んだ。

オーイエによると、この第三の場合はそこでゲームは終わらない。方向転換により新たに被害を受けた第三者が今度は交渉を要求してくる。またそこで転換の方法による妥協が図られれば、次の交渉が始まるというように、泣き寝入りをする主体が出てくるまでは、交渉が延々と続くことになるという。

現在世界各地で行われているＦＴＡ交渉にもこのような側面がある。日本はメキシコとＦＴＡを結んだが、これは欧州連合（ＥＵ）がメキシコとＦＴＡを締結したのを受けたものである。また日本は現在、東南アジア諸国連合（ＡＳＥＡＮ）ともＦＴＡ交渉を行っているが、これも中国の対ＡＳＥＡＮ交渉を受けたものだ。このように、他国がＦＴＡを結ぶと、それにより被害を受ける企業が政府に働きかけ、ＦＴＡ交渉に入るように促すのである。このような論理の結果、現在、世界各地でＦＴＡ交渉が盛んに行われている。[6]

3　法化（法制度化）

GATT・WTO体制下におけるフリー・ライドのもう一つの形態は協定違反行為である。他国が協定に基づき自由貿易を行うなかで、自国だけが（短期的にせよ）協定に違反して保護主義をとり、保護主義を求める国内の集団に利益を得させることは可能である。したがって通商体制には、違反が起きたときにこれに対処するための仕組みができている。それが紛争処理システムである。一九八六年から行われたウルグアイ・ラウンドの結果として、一九九五年には本格的な国際機構であるWTOが発足したが、これに伴って紛争処理のシステムがより高度で精緻なものに作り変えられたことはすでに第1節でも触れたとおりである。このような貿易制度の高度化あるいは司法化は「**法化**（legalization）」（あるいは「**法制度化**」）と呼ばれる。K・アボットらの定義によると、法化とは「明確性、義務および権利委譲の高度化」であるという（Abbott et al. 2001）。明確性とは、権利や義務の関係がより明確になることである。また義務の高度化とは、義務を怠ることによって失うコストが高くなることを意味する。また権利委譲の高度化とは、より多くの権限を第三者に委譲して責任を負わせることを意味する。では法化はいかなる効果を持つのであろうか。

一般に法化は当該ルールの遵守度の向上を意味すると考えられている。義務が明確になれば、違反したときにそれが明白になり、モニタリング（監視）が容易になる。また義務の増加はそれだけ加盟国が責任感を持つことにつながる。また権利委譲により、一時的な政治的考慮を超えた一貫した政策がとれることを意味すると思われる。[7] しかし実際に見てみると、法化がすぐに遵守に結びつくかどうかは微妙である。かえって、曖昧性の高い「ソフト・ロー」の方が有益であるとの議論もある（Abbott and Snidal 2001）。また明確性の上昇によって、情報を有効活用できる立場にある保護勢力の勢いが増し、かえって貿易自由化が阻害されるとの議論もなされている（Goldstein and Martin 2001）。M・ケーラーの結論によれば、遵守が高まるか否かは、結局、**遵守地盤**（compliance constituency）と呼ばれる人たちの勢力、貿易でいえば輸出業者や多国籍企業等が、法化により勢力を増すのかそれとも弱めるのかに依存し、それは国内政治の状況に左右される（Kahler 2001）。

4―総　括

本章の議論は多岐にわたったため、もう一度、簡単に整理してみよう。現在広く受け入れられている古典派貿易理論によれば、長期的には自由貿易が世界の利益になるが、各国の国内には自由化により不利益をこうむるアクターや階級が存在する。それが特定のセクター（業種）であれば集合行為理論、階級であれば階級理論で説明が可能である。そのような保護勢力が優勢になれば自由貿易体制はすぐに崩れてしまう可能性があるため、自由貿易により最も恩恵を受ける輸出業者（あるいは多国籍企業）をこの政治ゲームに動員するため、互恵主義に基づく国際通商制度が構築された。しかし、取引費用を減らすため、現在の互恵制度は拡散相互主義であり、その分、フリー・ライドの可能性が大きい。そうした可能性を減らすために、ＦＴＡ交渉や紛争処理（違反防止）システムの高度化が行われているのである。

通商はＩＰＥでは古典的テーマであり、研究の歴史も古い。それでも依然としてライトモチーフとなっているのは、通商における国内政治過程の重要性であろう。これについては研究成果は枚挙にいとまがないため、ここで紹介したのはその一部であることをお断りしておきたい。通商レジームが高度に法化された現在、政治性が見えにくくなっているが、通商政策が単に経済厚生の極大化の問題だけで片付けられないことだけは確かである（この点についてはコラム4-2を参照）。

本章の要点

- 現在、先進国の多くでは、古典的貿易理論による自由貿易の利益が信じられているが、それにもかかわらず保護主義が根強く残っているのはなぜか。この問いについて、集合行為理論と階級理論がある。
- 集合行為理論によれば、生産者は政治的に結集しやすいのに対し、消費者は不特定多数で政治力がないため、生産者に有利になる保護主義に傾きやすい。
- ストルパー＝サミュエルソン定理によれば、相対的賦存率の高い要素（階級）は自由貿易を、相対的賦存率の低い要素（階級）は保護主義を志向する。したがって、この階級間の力関係により、保護主義になるか自由主義になるかが決まる（階級理論）。
- 国家の制度も通商政策に影響を与える。社会から自律的な「強い国家」では産業政策が推進される傾向があり、貿易政策はそれに従属する。

- 国際的にはＧＡＴＴ・ＷＴＯ体制の下、互恵主義に基づき、お互いに譲歩しあって、関税やその他の貿易障壁の引き下げを行っている。これにより、自由貿易から利益を得る輸出業者が政治的に動員される。
- しかし最恵国待遇の下ではフリー・ライドが起こるため、二国間の自由貿易交渉（ＦＴＡ交渉）も同時に行われている。
- ＧＡＴＴ・ＷＴＯでは近年、第三者への権限の委譲を大幅に含む「法化」現象が顕著である。

コラム4-1◆日本とGATT

日本が関税及び貿易に関する一般協定（GATT）への加入を果たしたのは一九五五年である。加入をめぐっては日本と欧州諸国、とりわけ英国との間で激しい攻防があった。

日本は敗戦後、国際社会への復帰の手段としてGATTへの加入を強く望んでいた。また戦後の経済復興と外貨獲得のためにはGATTの最恵国待遇の下で欧米などへの輸出を増やす必要があった。しかし欧州諸国、特に英国は日本のGATT加入に難色を示した。英国では戦前に日本の安価な工業品が急激に流入し、市場が混乱したという記憶が強かった。また豪州、ニュージーランドなど英連邦諸国も日本のGATT加入には反対した。

こうしたなか日本は米国の支持を頼りに、辛抱強く交渉を続けたが、欧州諸国は、日本が無理やりにGATTに加入するようであれば、GATT三五条を発動するとほのめかした。GATT三五条とは、ある国がGATTに加入した際、加入当初だけは最恵国待遇を付与しなくともよいという特例条項である。もし多くの国がこの条項を援用してしまえば、せっかくGATTに加入してもほとんど意味がなくなってしまう。したがって、なるべく多くの国の賛同を得て加入する必要があったのである。

一九五四年に英国はショッキングな提案をした。それは、三五条を改正し、新締約国と現行の締約国が二国間協定を結び、それにより輸入が急激に増加した場合には、比較的自由に輸入制限をすることができるようにするというのである。またそのような二国間協定はGATTに優先するというものであった。これではGATTの多国間主義が形骸化しかねないため、日本だけでなく、米国も強く反対した。

GATTの条項を改正するには締約国の三分の二の賛成が必要であったが、これだけの票は集められそうもなかった。したがって、英国がどのような意図でこの提案を行ったかについては推測の域を出ないが、日本のGATT加入を遅らせるか、あるいは日本から大幅な譲歩を引き出す意図があったと思われる。
　結局、英国案は実現せず、日本はGATT加入を許されることになるが、日本が加入するや否や、英国をはじめ計一四カ国が日本に対して三五条を発動した。一九六〇年代には欧州諸国は三五条を解除したが、旧植民地諸国は独立後も、旧宗主国によって発動された三五条の適用を継続したため、日本政府はこれらの国とも一カ国ずつ忍耐強く交渉を続け、できるだけはやく三五条を解除してくれるように説得し続けることになる。このようにGATT加入とはきわめて「政治的」な駆け引きのプロセスであることがわかる。

参考文献　赤根谷（一九九二）；池田（一九九六）

コラム4-2◆鉄鋼セーフガード事件

本文にも述べられているように、現在の世界貿易機関（WTO）の紛争処理の仕組みはきわめて司法的である。国内の裁判で行われているような手続きが国際的にも応用されている点では画期的である。このような国際裁判の仕組みは欧州連合（EU）の欧州司法裁判所（ECJ）以外にはあまり例がない。しかしだからといって、法律が政治に置き換わり、貿易紛争から政治的な要素がなくなったと解釈することはできない。いかに精巧な仕組みを作ろうとも、真に利害の対立する紛争はきわめて政治的であることには変わりがない。その例として、二〇〇二年から二〇〇三年にかけてWTOで争われた鉄鋼セーフガード事件を見てみよう。

鉄鋼セーフガードの発端は一九九七年のアジア通貨危機までさかのぼる必要がある。アジア通貨危機を受けてアジア全体の景気が冷え込み、それまで盛んだった鉄鋼需要も落ち込んだため、世界的に鉄鋼が余りはじめた。この余剰は比較的開かれた市場である米国へと向かった。ほとんど二束三文で大量の鉄が米国に輸出されたのである。したがって、米国国内の鉄鋼価格は急落し、米国の鉄鋼メーカーは次々に経営不振に陥った。

当初、鉄鋼メーカーはその常套手段であるアンチダンピング（anti-dumping）を援用した。アンチダンピングとは、不当に安価な価格で輸出が行われたとき、輸入国がその国内価格と輸出価格の差額分だけ税をかけることができる仕組みであり、これは各国が独自に行うが、WTOでも認められている。したがって、日本の対米鉄鋼輸出も多くの品目がアンチダンピング税をかけられ、かなり輸出量が落ち込んだ。

しかしアンチダンピングの問題は、品目別、国別に調査が行われることである。すると、当時のように世界的に余剰があるときは、ある国からの輸入をアンチダンピング税で抑制したとしても、他の国から入ってきてしまう。したがって、多くの品目に対して、広範に網を張ることができるセーフガード（safe-guard．輸入が突発的に急増したとき時限的に輸入を制限できる制度、米国では「エスケープ条項」と呼ばれる）の発動が求められた。

すでに米国の鉄鋼業界はクリントン政権にセーフガードを発動するように強く要請していたが、極度に保護主義になることを恐れたクリントン政権はこれを牽制していた。しかし、ブッシュ（子）政権に代わると、アンチダンピングよりセーフガードの方が効果的であると判断し、二〇〇一年から米国国際貿易委員会（USITC）による調査を開始した。そしてUSITCは同年末までに鉄鋼輸入が米国産業に損害を与えているとして、向こう四年間にわたって最高四〇パーセントの関税をかけることを勧告した。しかし米国通商代表部（USTR）は当初のUSITCのデータだけではWTOで敗れる恐れがあると考え、追加の報告書を提出させた。そしてついに二〇〇二年三月、ブッシュ大統領は向こう三年間にわたって鉄鋼輸入に最高三〇パーセントの関税をかけると発表した。

欧州や日本はすぐにWTOに提訴した。このセーフガードは米国への鉄鋼輸出国のほぼすべてが対象となったため、最終的には提訴国は八カ国・地域に膨れた。そして翌年、WTOパネルおよび上級委員会はいずれも米国の鉄鋼セーフガードはWTOのセーフガード協定違反であると判断した。

二〇〇三年一二月に両報告書が紛争解決機関（DSB）により採択される予定であったが、採択に先立って、ブッシュ政権は鉄鋼セーフガードを撤回すると発表した。このようにWTO勧告が採択前に実行されるのは珍しいことである。ではなぜこのようにクリーンな形で事件が解決を見たのであろうか。

米国政府の説明によれば、状況が変わったからということであった。セーフガード発動後、米国の鉄鋼価格は上昇し、産業界も勢いを取り戻した。また価格上昇により今度は鉄鋼消費産業へのコストを考慮せざるを得なくなった。このような結論がすでにUSITCの中間レビューにより出ていたのである。

米国は認めていないが、欧州および日本からの報復の脅しもいくぶん効果があったと思われる。特にE

Uは WTO 勧告が採択され次第、五億ドルにも上る報復を行うと警告しただけでなく、その対象品目にはブッシュ大統領の実弟が知事を務めるフロリダ州産オレンジなど「政治品目」を含むリストであった。すでにこの報復は実施が決まってしまっていたため、これを撤回するには米国の大幅譲歩が必要であった。このようにWTO勧告の履行にもパワー・ポリティクスが働いているのである。

参考文献　Iida (2006b)

第5章 国際金融の政治経済学

国際経済の中でも特にわかりにくいのが国際金融である。カネという抽象概念が把握しにくい上、物品の貿易のように具体的イメージがなかなか想像しにくいからであろう。しかし、通商と同様、いやそれ以上に金融は重要である。ここでは、初心者にもわかりやすいように、国際金融の基礎から始める。

本章では次のような疑問を中心に議論を展開したい。

- 国家間で通貨が違うにもかかわらず、国際経済交流が成り立つのはなぜか
- 上記の問題を解決するために、これまでどのような仕組みが使われてきたか
- 通貨政策が国家により大きく異なるのはなぜか
- 現在の変動相場制の下で政策協調が難しいのはなぜか
- 国際金融危機が起きた際、どうような対処が行われるか
- 国際金融危機を予防する仕組みはいかなるものか

1―国際通貨秩序の変遷

1　国際通貨制度と国際収支

金融は実体（モノ）の経済と密接につながっている。なぜなら物々交換でない限り、モノの取引の決済はかならずカネで行われるからだ。国際金融についても同じである。仮に、日本人が米国から何かモノを輸入したとする。すると、そのモノの代金を払わなくてはならないが、相手は日本円では受け取ってくれないであろうから、まず銀行で円をドルに換えなくてはならない。そしてそれを電信などで相手に送る。その送った代金は、国全体としてはどのように勘定しているのだろうか。

実は、貿易が全体でバランスしている（黒字でも赤字でもない）限りにおいては、このような代金の送金は国際収支の統計にはあまり表れてこない。なぜなら、貿易がバランスしているということは、外国から日本が買うモノの代金と、日本が外国に輸出しているモノの代金の総和が一致しているということになり、輸出した人が外国から得た外貨を（外国為替市場で）売る額と、外国からモノを輸入した日本人が買いたい外貨の額が一致するからである。この場合、外国為替市場の取扱高の統計（の一部）として表れる以外は、われわれの目に触れることはない。

しかし、貿易がバランスしていない場合にはどうなるか。この場合には大きく分けて二通りを考える必要がある。**固定相場制**の場合と**変動相場制**の場合である。日本も昔は固定相場制であったが、今は変動相場制を採用している。したがって、まず変動相場制の場合から説明しよう。まず日本がある時点で貿易赤字を出しているとする。仮に外国為替市場の取引が貿易の決済だけであるとする。実はこれは今では真ではないが単純化のためこうしておく。すると、外国からモノを買うために外貨を必要とする人の外貨需要が、反対に日本から輸出して外貨を日本円に換えたい人の外貨供給を上回る。すると、需給の法則にしたがって、外貨の価格が上がり、日本円の価格が下がる。これが円安である。逆に、日本が貿易黒字を出していれば、円高となる。ちょうど需要と供給が一致した時点で、また相場は安定する。

　では固定相場制の場合はどうであろうか。固定相場制の場合には、上記のような価格メカニズムが働かない。相場（価格）が人為的に固定されているからである。しかし外国為替市場が存在する限りにおいて[1]、需要と供給の間のギャップが生じ、外貨の価格に上方プレッシャーや下方プレッシャーがかかる。何もしなければ、外貨の価格が上がろう（あるいは下がろう）とする。これを食いとめるのが、政府（実際には政府の代理人としての中央銀行）の役目である。日本では中央銀行は日本銀行である。固定相場制の時代には、日本銀行は、大蔵省（現在の財務省）の指示に基づき、市場に介入し、相場の変動を抑えた。円高圧力の場合には、円を売ればよく、日本銀行は円を印刷できるのであるから問題ないが、円安の場合には、外貨を市場に放出する必要がある。したがって、中央銀行は常に外貨を準備しておかなければならない。これを「外貨準備」という。

　さて、上で相場の変動を説明した際、為替相場が**貿易収支**だけで変動すると仮定したが、実はそうではない。資本独自の取引があるからだ。例えば、現在では、たくさんの外国人が日本の株式市場に投資をしている。たとえば、外国人は今後日本経済がよくなると見て、日本企業の株を大きく買い越した(買った額が売った額を上回った)としよう。すると、外国人が外貨を外国為替市場で日本円に換えて、そのお金で買っていることになる。これも為替相場変動に当然影響する。また、実体上の投資とは関係なく、投機的な売り買いもある。たとえば、誰かが今後円高になると予想したとしよう。すると、円がまだ安いうちに買っておき、円が高くなってからそれを売ろうとするであろう。すると、そうした予想をたくさんの人がした場合、すぐにも円高になるかもしれない。したがって、為替市場では市場予測が相場の変動に大きく影響する。

最後に、国際収支の見方について、若干述べておこう。国際収支は大きくわけて、**経常収支**と**資本収支**に分かれる。経常収支とは、すでに述べてきたような貿易収支が主であるが、その他、外国に対する援助も含まれる。資本収支は、上記のような外国から日本への投資や日本人が海外へ投資する場合などの資金の流れを表す。ちなみに、日本から海外への投資が海外から日本への投資を上回っている場合、これを資本収支が「赤字」だと呼ぶ。逆のように考えられるが、これは便宜上の話である。さて、最後に、国全体では、経常収支と資本収支は足してゼロにならなければならない(統計的約束上そうならねばならない)。つまり経常収支が赤字の時には資本収支は黒字でなければならず、経常収支が黒字の場合には資本収支は赤字でなければならない。もしこの間に差があるとすれば、その分は中央銀行が埋め合わせをしていることになる(外貨準備の増減として表れる)。その場合、中央銀行による外国為替市場への介入があったはずである(変動相場制の下でもそのような介入は行われる)。

2 金本位制

さて、既に固定相場制と変動相場制の違いについては述べたが、国際通貨制度は通貨同士の関係がどのようになっているかにより、大きく分けて三つに区別することができる。一つは固定相場制であり、金本位制や戦後のブレトン・ウッズ体制などがその例である。二つ目は変動相場制で、これが長期にわたって実施されたのは歴史的に見れば比較的最近のことであり、一九七〇年代以来、先進国の通貨の間でこの制度が採用されている。そして最後に、通貨統合があり、ある意味では一通貨を共有している現代の国民国家のようなシステムと同じであるが、それが主権国家の間で行われているため、これも国際通貨制度といえよう。まず国際通貨制度の変遷を簡単に概観しよう。

金本位制 (gold standard) をはじめて採用したのは英国である。一七世紀初頭までは英国でも他国と同様に金と銀が併用されていたが、銀が英国から急速に流出したことをきっかけに通貨として金に一本化することになった。金が実際にコインとして鋳造され、また紙幣の場合には金への兌換 (交換) が保証された。

その後も他の諸外国は金銀複本位制 (bimetalism) を採用していたが、一九世紀の後半になって欧州諸国が次々と金本位制に移行したため、欧米諸国はあたかも金を統一通貨としたシステムのようになっていく。もちろん、通貨はコインだけでなく紙幣も用いられていたが、金の兌換が公定レートで保証されている限りにおいて、一体化した切れ目のないシステムとなった。

金本位制は第一次世界大戦中に一時停止されていたが、一九二五年にようやく英国が金兌換を回復してから次々に金本位制に戻った。しかし、戦間期には、貿易の増加に伴って金の量が不足することが危惧され、そのための対策として、英国政府証券をそれぞれの国の中央銀行があたかも金のように準備するということが合意され、このため、本来の金本位制とは区別して、**金交換本位制**（gold-exchange standard）と呼ぶこともある。

しかしこの通貨制度は長続きしなかった。世界大恐慌により国際貿易体制が崩壊したことについては前章で詳述したが、通貨制度の揺らぎは欧州で始まった。オーストリアの大手市中銀行クレディット・アンシュタルトで取り付け騒ぎが起きると、欧州各国はオーストリアから資金を引き揚げ始め、オーストリアの中央銀行は金が不足し、金兌換停止に追い込まれた。

この資金逃避が各国に飛び火し、欧州各国は通貨の切り下げ（金との交換レートの引き下げ）か金兌換停止に追い込まれた。また一九三三年にはそれまでに世界最大の債権国となっていた米国が金兌換を停止したため、もはや金本位制の維持はいよいよ難しくなっていった。次いで英国、フランスも金兌換を放棄し、これにより国際通貨制度としての金本位制は崩壊したといってよい。

3　ブレトン・ウッズ体制

英米は第二次世界大戦中から戦後の通貨制度について協議を始めた[2]。金本位制ではなくとも何らかの固定相場制に復帰する点では英米の意向は一致していたが、その他の面では利害対立があった。戦後一大赤字国に転落することが予想されていた英国は赤字国としての利害を代表したのに対し、米国は黒字国・債権国としての立場を代弁した。たとえば、英国は固定相場制の下で赤字が恒常的に続いたときには為替レートの切り下げが容易にできることを望んだのに対し、米国はできるだけ相場を維持することを望んだ。また後に国際的な融資機構の設立については、英国は大規模な機構で赤字国が融資を容易に確保できるようにすることを望んでいたのに対し、米国は比較的小規模な基金で十分であるとした。

このような英米の交渉の結果、ドルを中心とする固定相場制と赤字国に対する緊急融資の基金としての**国際通貨基金（IMF）**の設立を軸とする、いわゆる**ブレトン・ウッズ体制**（Bretton Woods system）が構想されるに至った。この合意が一九四四年七月の連合国通貨金融会議（通称「ブレトン・ウッズ会議」）で調印されたことは既に序章にも述べたとおりである。しかし、このブレトン・ウッズ体制は当初予想されたようには運用されなかった。固定相場制とはいえ、金への兌換が保証されていたのは米ドルのみであり、その他の国は自国通貨のドルへの交換だけは保証しようとしたが、さまざまな制限を設けたため自由に交換できるようになったのはかなりたってからのことである。また戦後復興期に欧州諸国は軒並み対米で赤字に転落し、慢性的ドル不足が続いたため、米国はマーシャル・プランによって大量の資金を供与した。

欧州諸国が経常収支の交換性を回復した後、一九六〇年代からはブレトン・ウッズ体制は理論どおりに機能し始めるが、今度は次第にドル不足から剰余ドルが問題となり始める。すでに一九六〇年にはドルが売り圧力に遭ったが、その後もドルやポンドは度重なる危機に遭い、そのたびごとに先進諸国の間で共同で資金を融通する仕組みを構築していった。一〇カ国財務大臣・中央銀行総裁会議（G10）諸国の間で作られた一般借入取決め（GAB）や金プール制度などがそれである。

第二次世界大戦終戦直後には世界の金保有の六割を誇っていた米国の金準備も次第に減少し、ドルの金交換性がいつまで続けられるかが、問題となってきた。ドルを国際通貨として使用するシステムでは貿易量が増大するにつれて、それに見合う量のドルが米国国外に流出する必要があり、それには米国が赤字を出す必要があるが、そうするとそれに見合うだけの金準備が必要となる。金の新発掘量は限定されているため、ドルの金交換性に対する信頼性は低下せざるを得ない。このような問題が「トリフィンのジレンマ（Triffin's dilemma）」として定式化され、通貨当局はこの問題をいかに解決するかに腐心するようになる。もちろん、ドルと金との交換レートを漸次切り下げれば解決可能であるが、そうするとドルの投機売りが発生するため、実行はきわめて困難であった。

4　変動相場制

一九七一年初頭に英国が米国に対し、ドルの金への交換を要求したのをきっかけに、米国はドルの金交換性の停止を決意し、ニクソン米大統領は八月一五日のラジオ放送でその旨を宣言した。**ニクソン・ショック**である。[3] 米国は各国に対し、対ドル・レートの切り上げを要求するとともに、米国の赤字解消策と称して一〇パーセントの輸入課徴金を科した。激しい攻防の末、非ドル通貨の対ドル切り上げを軸とした**スミソニアン合意**が一二月にまとまったが、ドルの金交換性は回復されなかったため、スミソニアン体制も長続きはしなかった。この結果、先進諸国は一九七三年の春までには固定相場制の維持を断念し、事実上変動相場制に移行した。

変動相場制は基本的に為替相場を市場メカニズムに任せる仕組みであるため、政府の役割はなくなり市場重視のシステムとなるはずであるが、変動相場制も時として相場が乱高下に見舞われたりするため、政府・中央銀行もそれを無視できず、市場に介入することがしばしばある。またその際には各国共同で介入したり、金融・財政などのマクロ政策をお互いに調整しあうことも何度か行われた。したがって、依然として政治と経済はまったく分離されたとはいえない。政策協調については後述する（第3節第1項）。

また変動相場制への移行に伴い、為替市場では投機取引が盛んになり、そのため、一部の銀行が為替差損のため破綻することも頻発するようになった。そのため、先進諸国の通貨当局・金融監督当局は民間金融機関の監視体制を国際化するようになった。一九七四年には先進一〇カ国の金融監督当局の協議機関としてバーゼル委員会ができた。このバーゼル委員会を中心としてその後、国際的金融監督体制が構築されていく。

5 通貨統合

さて、いずれの国でも金融当局が追求する目標として、通貨（為替相場）の安定性、金融の自律性、および資金移動の自由があるが、この三つの目標を同時に達成することは不可能であることが経済学では知られている。ブレトン・ウッズ体制の下では、資本の移動が限定的であったため、それほど三目標間の拮抗関係は問題とされていなかった。しかし、一九七〇年代以降、国際資本移動が増大し、それにともなって、この三目標間の緊張関係は「トリレンマ」あるいは「聖ならざる三位一体（unholy Trinity）」などと呼ばれて、金融当局の一大政策課題と認識されるようになっていった。そのなかで、日米英などは変動相場制に移行することにより通貨の安定性を犠牲にすることになったわけだが、大陸の西欧諸国間では為替安定志向が強く、最終的には金融の自律性を捨て、通貨統合を目指すことになる。しかし欧州の通貨統合も紆余曲折を経ながら発展していった。

まず、一九七〇年にウェルナー報告により、通貨統合の青写真が示されたが、結局合意はまとまらなかった。その後ニクソン・ショックを経て、欧州通貨間の関係も不安定化したため、まず「スネーク」と呼ばれる共同フロート制（対ドルでは相場を変動させるが、欧州通貨間の変動を最小限にする制度）を採用した。しかしフランスやイタリアが離脱するなど、不安定であったため、一九七九年には事実上の固定相場制である欧州通貨制度（ＥＭＳ）が創設された。ＥＭＳは予想以上の成功を収め欧州通貨は安定したが、一九八〇年代には更なる通貨統合が目指されるようになり、一九八九年のドロール報告書で三段階の通貨統合案が示され、一九九二年のマーストリヒト条約にドロール案が盛り込まれることになる。マーストリヒト条約が同年六月デンマークの国民投票で否決されたことをきっかけにＥＭＳは再び危機に見舞われたが、それにもかかわらず、通貨統合は順調に進み、ついに一九九九年に統一通貨ユーロがまず金融機関の取引に導入され、二〇〇二年にはユーロのコイン・紙幣も一般の市場に流通するようになった。

このように現在、主要通貨（ドル、円、ポンド、ユーロ）の間では変動相場制が、また途上国の多くでは依然として固定相場制に近いシステムが採用されており、欧州では通貨統合が進展するという、三つの通貨制度が共存する形になっている。

2―固定相場制の政治経済学

1　覇権安定論再考

では理論的にはこのような通貨の歴史をどのように説明できるのであろうか。さまざまな固定相場制の盛衰（金本位性から金交換本位制を経てブレトン・ウッズ体制へ）を百数十年以上の長期にわたって説明できるのは覇権安定論（第1章第2節を参照）しかない。覇権安定論は、戦前の金本位制は英国の覇権により、戦後のブレトン・ウッズ体制は米国の覇権により維持されたと解釈する。また戦間期の混乱やブレトン・ウッズ体制の崩壊も英国および米国の覇権の衰退が原因であると考える。また英国の覇権が衰退した戦間期は不安定な制度が続いたと説明できる。

しかし、覇権安定論を最も詳細に検証したB・アイケングリーンは、英国が金本位制の形成に果たした役割は、米国がブレトン・ウッズ体制構築に対して果たした役割とはほど遠いこと、また金本位制でのイングランド銀行の役割はケインズが言ったように「国際管弦楽団の指揮者」のようなものではあったものの（Eichengreen 1987）、「最後の貸し手」とはいえず、かえって「最後の借り手」であったこと、また最も理論に整合的であるブレトン・ウッズ体制の構築でさえ、英米の緊密な協力の成果であり、米国一国によるものではないことなどを指摘した上で、通貨制度の安定には、一国による覇権ではなく、主要国による協調が必要であると説いた。またそのような協調が破綻した時に、通貨制度は大きく変動することを明らかにした（Eichengreen 1989）。

アイケングリーンの解釈は、リベラリズムに大きく軍配を上げるものであるが、ではなぜある時期には主要国の間の協調が崩れるのかについて説明がないのが難点であろう。覇権安定論では、覇権の衰退が協調の衰退の原因でもある。覇権の衰退だけで協調の変動が説明できないのであれば、何が要因であるかを明らかにする必要がある。(4)

2　固定相場志向の国内政治要因

為替相場が固定相場制になるか変動相場制になるかは、システム全体（主要国の大部分の動き）に左右されるが、一国あるいは地域で決めることもできる。例えば、今でも途上国の多くは固定相場制を採用している。一例を挙げれば、二〇〇五年七月まで中国は人民元を一ドル＝八・二三元としてドルに固定していた。これに対し、巨額の対中赤字を抱える米国では、人民元は過小評価ではないかとの批判が相次いでいたため、中国は七月二一日に小幅な切り上げを発表するとともに、今後はドルだけでなく通貨バスケット（主要外貨の加重平均）に固定するとともに、少しずつ切り上げていく方針を発表した。

この例が示すように、変動相場制への圧力は強いものの、固定相場制を堅持することも可能である。したがって、どのような要因によって、為替政策が決まるのかについて、いくつかの理論を見てみよう。戦間期の欧州諸国の経済政策を比較したB・シモンズは、左派政権のほうが、金本位制を長く維持する傾向があったことを発見している（Simmons 1994）。一般に左派政権は金融・財政などマクロに緩やかな政策を志向し、そのため、固定相場制などの拘束を嫌うと思われているが、必ずしもそうはならないことが示されたことになる。

そのほか、国家の政治制度も為替政策に影響を与える。W・バーンハードとD・レブラングは、小選挙区制の国では政権交代が激しく、政権を新たに取った政党は金融政策を変更したがるため、金融政策の自律性を求めることから、変動相場制になりやすいとしている（Bernhard and Leblang 1999）。逆に安定政権の国では固定相場制を志向しやすいことになる。またJ・L・ブロズは、インフレ対策として中央銀行の独立性と固定相場制の二つのやり方があり得るが、中央銀行の独立性はある程度透明性がないとうまく機能しないため、民主主義国でのみ有効であり、したがって、非民主主義国は固定相場制を採用する傾向があるとしている（Broz 2002）。このように、個別の国が固定相場制を志向するか変動相場制へ移行するかは、その国の国内政治要因に大きく依存していることがわかる。

3　固定相場制と通貨危機

固定相場制を採用した場合、経常収支赤字が起きるとその通貨に下落圧力がかかることは第1節でも

図表5-1　アジア通貨危機の際の為替相場変動

	1997年7月2日現在のレート（1米ドル当たり）	1998年9月末現在のレート（1米ドル当たり）	下落率（%）
フィリピン・ペソ	26.38	43.80	66.10
インドネシア・ルピア	2,341.92	10,638.30	354.30
タイ・バーツ	24.40	38.99	59.80
マレーシア・リンギ	2.57	3.80	47.80
韓国ウォン	885.74	1,369.86	54.70

出所：Sharma (2003, 1).

解説したが、資本の移動が大きい場合、投機的攻撃を受けて、通貨危機に陥ることが往々にしてある。最近の例は**アジア通貨危機**である。当時、東南アジア諸国は固定相場制あるいはそれに準じたシステムをとっていたが、それまで経済面では優等生と思われていたこれら諸国が次々と通貨・金融危機に襲われ、地域全体が危機に包まれたのである。

引き金となったのは、一九九七年七月のタイによるバーツ切り下げであった。タイではすでに不動産部門などで大量の外貨流入によるバブルが発生していた。経常赤字が膨らむなか、バーツ防衛のため、タイ政府は市場に介入し続けたが、ついに防衛を断念して、七月に変動相場制に移行せざるを得なくなった。タイはＩＭＦに融資を求め、一七〇億米ドルの緊急融資を得た。しかしこの際、米国が非協力的であったことから日本政府はＩＭＦのアジア版であるアジア通貨基金（ＡＭＦ）の設立を提案したが、米国の反対に遭い、実現しなかった。またその後危機はすぐに近隣各国に飛び火し、インドネシア、韓国なども危機に陥った（通貨下落率については図表5-1を参照）。インドネシアは一一三〇億米ドル、韓国は二一〇億米ドルのＩＭＦ融資を受けた。それぞれ融資の際、ＩＭＦは判を押したように同じような融資条件（コンディショナリティ）を

図表 5-2　アジア通貨危機前後の各国実質 GDP 成長率（%）

	1996 年	1997 年	1998 年
インドネシア	8.0	4.5	−13.7
韓国	6.8	5.0	−5.8
マレーシア	8.6	7.5	−7.5
フィリピン	5.8	5.2	−0.5
シンガポール	7.6	8.4	0.4
タイ	5.5	−1.3	−10.0
中国	9.6	8.8	7.8
香港	4.5	5.3	−5.1
台湾	5.7	6.8	4.8
日本	5.0	1.6	−2.5

出所：Sharma (2003, 4).

課したが、特にインドネシアでは急激に食料価格を引き上げさせたことから暴動が起こり、スハルト政権崩壊の前触れとなった。一九九八年には各国が急激な景気後退を招いたことはいうまでもなく、特にインドネシアとタイの経済の落ち込みは激しかった（図表5-2）。

さて、すでにアジア通貨危機については数多くの研究がなされているが、いずれもそれぞれ危機に陥った国の国内事情に原因を求めるものが多い。A・マッキンタイアは、インドネシア、タイ、フィリピンの例を比べ、拒否権ポイント（政策の変更を阻止できるアクターや組織）が多すぎると、タイのように政策が硬直化して機敏な対応がとれないのに対し、逆に拒否権ポイントが少なすぎると、インドネシアのようにいつ政策が転換されるかわからず投資家が疑心暗鬼になって、かえって資本逃避が加速してしまう。したがって、拒否権ポイントが多くもなく少なくもない状態が望ましいとの論点を展開している（MacIntyre 1999, 2001）。また、S・ハガードはそれぞれの国における政府と金融界の癒着に着目し、癒着している政権ほど危機への対応を誤ったとしている（Haggard 2000）[5]。このように、通貨危機の起こりやすさ、あるいは起こった後の金融システムの脆弱性にも国内政治要因が絡んでいることが明らかになってきた。

4　ＩＭＦの政治学

第1節で述べたように、ブレトン・ウッズ体制の一翼を担う国際組織としてＩＭＦが設立された。それは、固定相場制では上記のような通貨危機が起きやすいことがあらかじめ予想されていたためである。つまり国際収支赤字が続く国には好条件でＩＭＦが緊急融資をし、危機を切り抜けることができるようにしたのである。

しかし、当初からＩＭＦには困難がつきまとった。まず通貨基金設立をめぐって、英米の間で激しい政策論争が起きた。元々英国はブレトン・ウッズ体制の下でも完全雇用を柱とした経済政策を維持したいと考えていた。しかし戦後英国は赤字国になることが必然と見られていたことから、赤字になったときに、景気をすぐに引き締めなくともすむように巨額の外貨を緊急に調達できるようにするため、二六〇億米ドル規模の基金を設立することを要望したが、黒字国の米国は当然、そのような基金の出資をさせられることが予想され、赤字国のつけが自国に回ってくることを恐れ、きわめて小規模な基金（五〇億米ドル）で済ませようとした。結局、その中間をとって、八〇億米ドルの規模とすることで落ち着いた（Eichengreen 1989, 265）。このように、国際金融における資金支援については、赤字国と黒字国では立場が大きく異なることがよくわかる。赤字国は、なるべく緩やかな条件でたくさんの資金を調達できるようにすることを望むのに対し、黒字国は、資金の額は控えめにし、また赤字国に応分の負担（条件）を課すことを求めるという傾向である。

覇権安定論によれば、米国がブレトン・ウッズ体制で指導的役割を果たしていることになり、当然IMFも米国の意向を大きく反映するものとなるはずである。これはどのようにして検証できるであろうか。S・サッカーは、各国の外交政策と米国の外交政策との距離を国連総会における投票行動によって測り、そうした政策的距離がIMFの融資に影響を与えているかどうかを分析した（Thacker 1999）。もしIMFが米国の意向どおりに動いているとしたら、親米的外交政策をとる国に対してはIMFの融資が行われ、そうでない国には融資されないか、厳しい条件が課されるはずだからである。そしてサッカーは、確かにこのような傾向が認められるとしている。

またE・グールドは、IMFの**コンディショナリティ**（融資条件）の決定には、民間金融業界の影響もあるとしている（Gould 2003）。金融業界にとっては、IMFが市場金利よりも低い利率で大規模に融資すれば、民間資金と競合してしまい、それだけ民間金融機関の収益率が悪くなる⑥。すでに米国の覇権の時代は終わっているものの、依然としてIMFに対する米国の影響力は大きい。米財務省とIMFとウォール街は三位一体のようになっているとして、J・スティグリッツは痛烈な批判を行っている（Stiglitz 2002）。

このように、IMFの歴史を見てみると、覇権安定論の予測とは若干異なる流れになっている。米国の覇権が最高潮であった終戦直後には、米国はIMFを小規模なものにとどめようとした。これはあたかも「公共財」の提供を渋っているかのようである。これに対し、米国の経済的覇権が衰えた一九七〇年代以降、ますますＩＭＦへの米国の影響力は高まっているかのように見える。これは覇権時代に築いた人脈や制度が存続し、その影響力を持続させる役割を果たしているからであろう。

3―変動相場制の政治経済学

1　政策協調

さて、固定相場制には覇権国のような安定性の基礎となる要因が必要であることはすでに見たとおりであるが、それでは変動相場制への移行後は、政治的指導力が必要なくなったのであろうか。アイケングリーンは、固定相場制下でも安定のカギは単なる覇権ではなく主要国による**政策協調**（policy coordination）にあるとしたが、実は変動相場制に移行してからも先進国の間で政策協調が行われたことが何回かある。特に一九七七〜一九七八年の「機関車論」の時期、および一九八五年から一九八七年にかけての「プラザ・ルーブル合意」の時期である。この時期にどのような協調が行われ、その背後にはどのような要因があったかを考えてみよう。

一九七〇年代前半に主要通貨間の固定相場制が崩壊し、変動相場制に移行したことはすでに述べたとおりであるが、その後、石油ショックを経て、先進国の多くは多額の経常赤字、インフレ、景気停滞の三重苦に悩まされた。しかし日本、ドイツ、米国の三カ国はなんとかこれらの問題を克服し、経済が回復したことから、米カーター政権は、これら三カ国が協力して世界経済を牽引していくべきだという**機関車論**を唱え、日独に協力を求めた。具体的には財政政策を緩めることによってそれぞれの経済を刺激し、それによって他国からの輸入を増やすという考え方だった。日独とも、これに激しく抵抗したが、日本は一九七七年末の牛場・ストラウス合意で、旧西ドイツは一九七八年七月のボン・サミットで、景気刺激策をとることを約束した。その見返りとして、米国はそれまで規制していた石油価格を次第に世界相場並にして石油輸入を抑制することを約した。これにより米国の経常赤字が減ると思われたのである。R・パットナムはこれを2レベル・ゲーム（第2章第4節を参照）の枠組みを使って解釈し、ドイツ、米国の交渉担当者が、それぞれ外圧を武器に、国内の反対勢力を抑えることに成功した例だとした(Putnam 1988; Putnam and Henning 1989)。

その後、レーガン政権になってから、米国はドル高放置策をとり、ドル高と巨額の経常赤字を引き起こした。このため、一九八五年になってから政策を転換し、ドル安を目指すとともに、マクロ政策の面で日本とドイツに協調を求めた。すなわち、機関車論の時と同じように黒字国に減税などによる景気刺激を求めたのである。今回も日本とドイツは抵抗したが、ドル安誘導については合意し、同年九月の**プラザ合意**で、市場介入によりドル高を是正することとした（プラザ合意については、コラム5-1で詳述する）。ドルは下がり始めたものの（図表5-3を参照）、米国の経常赤字は増え続け、追加手段として、政策協調が求められた。そこで、すでに十分ドル安となったと判断した日欧は、八七年二月の**ルーブル合意**で、ドルの安定化を目指すとともに、景気刺激を行うことを約した。ドイツは減税を前倒しして行っ

図表 5-3　ドルの対主要通貨為替レート
（名目，1973 年 3 月＝100，ユーロは 1999 年＝100）

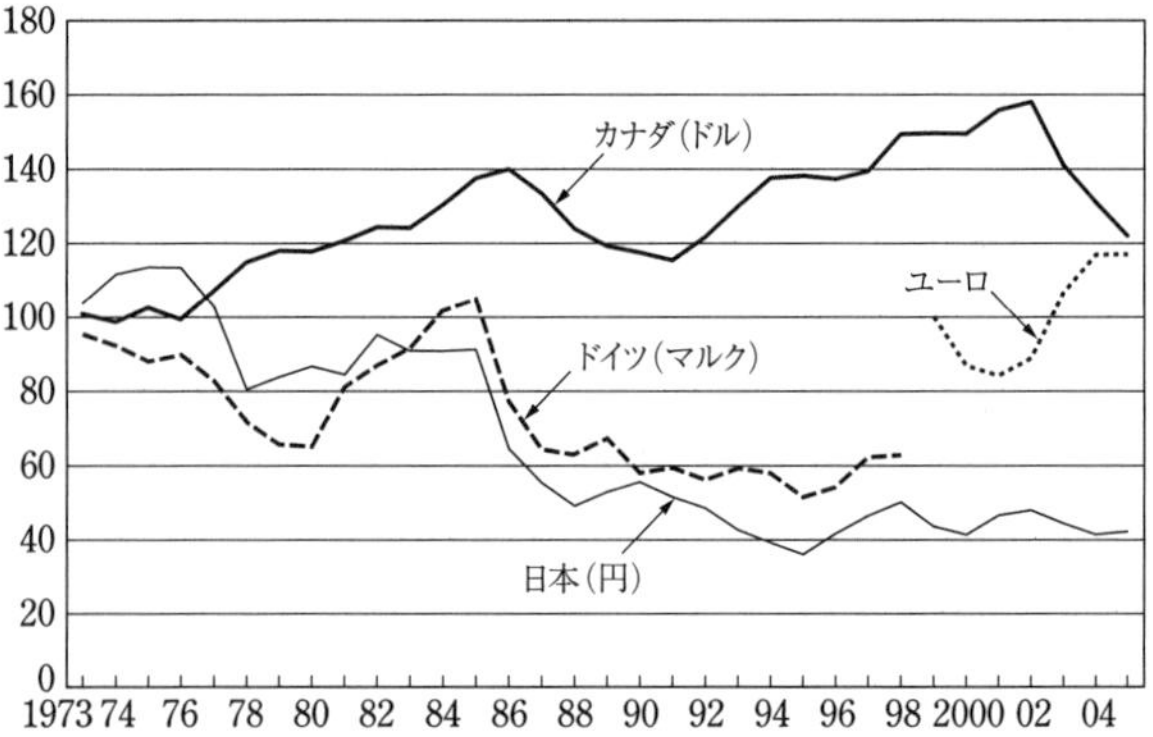

出所：United States President and CEA（1997, 2006）.

た。しかしその後、日本は為替市場に介入し続けるとともに、金融を緩め続けたため、バブルを引き起こした。

2　政策協調への障害

これらの事例を検討すると、各国は何らかの協調が必要であるとの認識では一致していたが、いくつかの障害が存在していたことがわかる。ここでは不確実性と主要国の選好の違いについて見てみよう。

筆者はこれらの事例で協調の最大の障害となっていたのは分析的不確実性（analytic uncertainty）であると主張した（Iida 1993a, 1999）。マクロ政策協調についてはその効果について不確実性が高いため、慎重な政策決定者はためらう傾向がある。したがって、相手国からの応分の譲歩が得られると同時に、ある程度危機的な状況にならなければ協調に踏み切らない。また政策効果が上がらないことがわかれば、すぐにも協調が打ち切られる傾向がある。結局、日本では、機関車論、ルーブル合意いずれも、悪い印象しか残らず、後に禍根を残すこととなった。特にプラザ合意については、「プラザ・ルーブル合意＝バブルの原因」という方程式がきちんとした分析もないまま定着してしまったのである。

C・R・ヘニングによれば、それ以上に問題なのは主要国間でマクロ政策について優先順位が著しく異なることである（Henning 1994）。米国は為替安定にあまり関心を示さないのに対して、日本とドイツは為替安定志向が強く、ドイツと米国は自国通貨を高く維持する傾向があるのに対して、日本は円を安く維持する傾向があることを指摘した。また、これはそれぞれの国の国内的要因によるという説を提示した。

まずそれぞれの国で輸出業者は第一に為替の安定が大事で、次に為替相場は安いのに越したことはない（それだけ輸出が伸びる）、また少なくとも急激に高くなるのは困ると思っている。次に金融界は、国の金融・為替政策には影響力が強いが、日本・ドイツでは、企業の資金調達が間接金融（銀行を介した資金調達）が主であるため、金融界は輸出業者と同様の考えをもつ傾向がある。これに対し、米国では直接金融（証券市場を介した資金調達）が主であるため、銀行はかならずしも輸出業者と同じ考えでなく、また直接金融の国であるから銀行よりも証券業界や投資銀行の影響力が強い。したがって、米国の金融界には為替安定志向がないことがわかる。

では為替水準に対する志向の違いはどこから来るのか。日独の差には中央銀行の独立性の違いが反映されている。中央銀行は金融引き締め（インフレ警戒）志向が強いのは万国共通であるが、中央銀行が政府から独立している国では特に金融引締め傾向になる。これは米国でも同様である。日本の場合は、従来中央銀行の影響力は弱かった（すくなくとも一九九八年の日銀法改正まではそうであった）。要約すれば、日米独の違いは、金融の構造（直接金融か間接金融か）および金融界の選好がどうなっているか、中央銀行の独立性の程度により、説明できるのである。同様に樋渡（二〇〇四）も、直接金融と間接金融の違いが通貨政策に反映されるとの立場をとっている。(7)

3　金融監督

最後に変動相場制における金融監督の重要性について論じておこう。一九七〇年代の主要国での変動相場制への移行後、民間金融機関が経営破綻の危機に陥ることも多くなってきた。そのため、先進国間では金融監督、とくに銀行に対する監督の分野での国際調整・協調を進めるため、スイスのバーゼルにある国際決済銀行（ＢＩＳ）を事務局として、バーゼル委員会を設けることになった。この場を使って次第に、銀行監督に対する国際制度が構築されていく。

特に日本にとって大きな問題となったのは一九八八年に合意された**バーゼル合意**（通称「**ＢＩＳ自己資本規制**」）である。すなわち、これにより当該国の銀行は、リスク資産総額の八パーセントに当たる額を自己資本として用意しなければならないこととなった。邦銀にはこれが重荷になり、バブル崩壊後のいわゆる「貸し渋り」の原因ともなった。

ではそもそもなぜ、ＢＩＳ規制が行われるようになったのか。銀行は預金者から預金を集め、それを企業などに融資し、その金利差で収益を上げるわけであるが、時として企業が経営危機に陥り、貸し倒れになることもある。もちろん銀行は引当金を積み立て，貸し倒れに備えているが，大規模な貸し倒れや連鎖的な倒産が相次ぐとそれだけでは足りなくなり，自己資本を取り崩すこととなる。その際には自己資本がかなり潤沢にあることが前提とされているが，もともと日本の銀行は自己資本がかなり薄かった。銀行の業務規制が厳しく，護送船団方式が執られていた時代にはそれでも良かったが，金融の自由化と国際化の波により，銀行の自己責任が問われる時代となっては，自己資本の充実が望まれるようになってきた。

すでに英国や米国では自己資本規制が行われていたが，邦銀が海外に次々と進出していくなか，邦銀の自己資本の薄さとそれによる競争力が批判の的となり，大蔵省（現財務省）も一九八六年から独自の自己資本規制に踏み切った（それまでも規制はあったがほとんど守られていなかった）。ところが，同年，英米は国際基準を作ることを二カ国で合意し，この枠組みをバーゼル委員会のG10の場でも策定することを迫った。当時日本やフランスなどは難色を示したが，英米と協議に入り，一九八七年中に合意，翌年のバーゼル合意となった。

このバーゼル合意についてはいくつもの政治経済学的研究がなされているが，(8) 最も詳しいのは，E・キャプステインの研究である（Kapstein 1992, 1994）。彼によれば，バーゼル合意は基本的に，各国中央銀行間に存在した認識共同体の協調の所産であるという（本書第3章第2節を参照）。

しかしこれに対し，もう少しリアリスト的な解釈も存在する。T・オートリーとR・ネーバーズの分析によれば，バーゼル合意は基本的に邦銀の米国進出に不満をもつ米銀の意向を反映したものであり，邦銀に不利な条件をのませることにより、邦銀の競争力を殺ぐことを図ったという（Oatley and Nabors 1998）。日本では実はこの説が非常に有力であり、一般向けの図書などにもしばしば見られる議論である。

筆者は、キャプステインの議論の方がより真実に近いと見ているが、日本が無理な要求をのむためにいくつかの誤りを犯したことは確かである。たとえば、八パーセントの数字達成のため、自己資本（のTier2）に「含み益」（時価と簿価の差）の算入を認めさせてしまった。当時の状況としては致し方ない面もあったとはいえ、バブル崩壊後はかえって、これがあだになったことは否めない。

4―総　括

国際金融は非常にテクニカルな問題であるため、その政治性はわかりにくい。しかし固定相場制における覇権国の役割、あるいは変動相場制における政策協調をめぐる駆け引きなどがきわめて政治的なプロセスであることは本章でわかっていただけたのではあるまいか。そして、資本の自由化とともに、国際金融における政府の役割も通貨の管理から金融の監督へと移行し、国際金融レジームの性格も大きく変貌してきたことにも注意する必要がある。

本章の論点を整理すれば、固定相場制における金融の安定性は覇権国により提供されるという覇権安定論がＩＰＥでは優勢であったが、くわしく見ると、覇権だけでは十分ではなく主要国の協調も重要であることがわかる。しかし協調にはさまざまな障害が伴い、したがって、先進国は変動相場制への移行を余儀なくされた。変動相場制への移行以後も何度か協調も試みは続けられたが、やはり主要国間の意見の相違、選好の違いはなかなか克服できなかった。固定相場制に固執する途上国は通貨危機に見舞われる機会も増えており、その際にはＩＭＦの緊急融資で対処しているが、米国は覇権喪失後もＩＭＦへの影響力を保持し続けており、コンディショナリティの厳しさとも相まって、現在の国際金融体制に対する不満の原因となっている。

●本章の要点

- **国際通貨システムは固定相場制と変動相場制に大別することができる。特に固定相場制の安定的維持には覇権国の役割が重要だという説がある一方、複数の主要国による協調がそれ以上に重要だという考え方もある。**
- **主要各国の通貨政策は大きく異なるが、その差を説明するには、その国が直接金融と間接金融のどちらを主にしているかで決まる。また中央銀行の独立性も大きな要因である。**
- **変動相場制に移行後も何度か主要国の間で政策協調が試みられたが、いずれもあまり成功していない。その裏には政策目標に対する食い違いのほか、国際金融独特の不確実性も影響している。**
- **近年、アジア通貨危機に代表されるように、通貨・金融危機が途上国を中心に多発している。それには**

さまざまな原因があるが、その帰趨を決するのは当該国の国内政治である。

❗変動相場制および資本の自由化の下で、先進国は金融監督の分野での国際協調を強化してきている。

コラム5-1◆プラザ合意

日本経済にとって、プラザ合意は非常に重大な意味を持った事件であることは疑いようがない。一九八〇年代前半のドル高が一気に円高に転じ、これをきっかけに日本企業の海外進出が加速した。円で見ると、海外の資産がすべて安く見え出したからである。しかしそれ以上に大事だったのは、プラザ合意以降の数年間、日本のマクロ政策がすべて為替レートに釘付けにされ、大変な失策をとる遠因となったことである。ではどのようにプラザ合意が成立し、どのような結果に至ったかを検証しよう。

米国のレーガン政権は「新自由主義」と総称されるように経済政策全般にわたって市場原理を重視する政策をとったが、その最たるものは為替政策であった。為替レートも市場原理に任せるべきであるとして放任政策をとったのである。それに加えて、高金利と財政赤字が重なり貿易赤字が膨らんだのである。連邦準備制度理事会（FRB、米国の中央銀行に当たる）はインフレ退治のために通貨供給量を抑制する政策を一九七九年以来とっていたため、かなりの高金利が続いていた。またレーガン政権は大幅な減税を行ったため、税収減による財政赤字が増大した。こうした影響で高金利に引かれて海外資本が米国に流入し、米国は一九八五年までに純債務国に転落したのである。経常収支赤字と財政赤字は密接に関係していたため、「双子の赤字」と呼ばれた（図表5-4）。

為替レート放任と高金利の影響で為替レートはドル高が続き、本来ならば為替レート調整により貿易赤字は減るはずだったが、逆に増すばかりであった。しかし米国議会では、米国の貿易赤字は日本やその他の主要輸出国の貿易障壁が原因であるとして、保護主義的な法案が次々と提出され、貿易戦争触発の状態となった。日米戦争再発のうわさまでまことしやかに語られるようになったのである。

日米両政府は危機感を抱き緊急対策を講じる必要に迫られた。折しも一九八五年に財務長官がリーガン

図表5-4　米国の双子の赤字（単位：10億ドル）

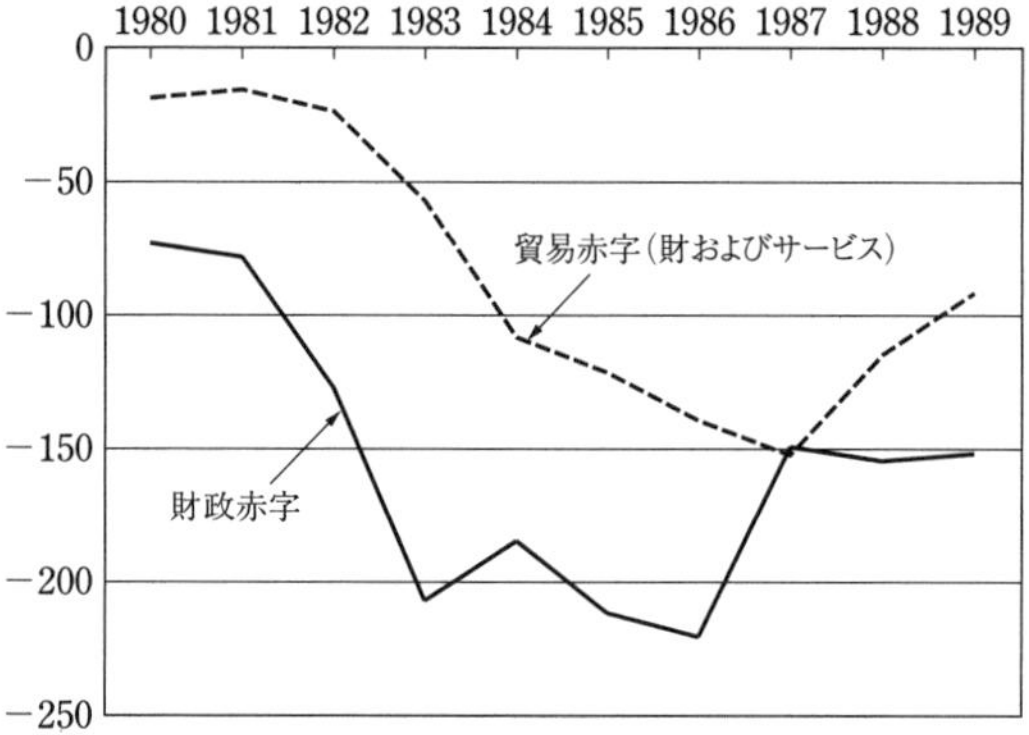

出所：United States President and CEA (1997).

からベーカーに交代したのを機に、為替放任見直しの兆しが見られた。そこで同年六月にベーカー財務長官が一〇カ国財務大臣・中央銀行総裁会議（G10）に出席するために訪日した際、時の竹下登蔵相はドル高是正を提案しベーカーも同意したのである。同年夏に日米通貨当局は何回か協議を行い、二カ国だけではなく五カ国財務大臣・中央銀行総裁会議（G5）の枠組みでドル高是正と米国の貿易赤字削減に取り組むことになった。

九月中旬にロンドンで次官級の秘密会議が開かれ、米国はいわゆる「ノン・ペーパー」（非公式提案）を他国に開陳した。そこには総額一八〇億米ドルに上る為替市場への共同介入によりドルを他の主要通貨に対して一〇〜一二パーセント切り下げることが可能であると書かれていた。この方向で同月二二日にニューヨークのプラザ・ホテルでプラザ合意がまとめられたのである。

さらに他国を驚かせた米国提案は、G5を公開することであった。G5は一九七〇年代中ごろから主要五カ国（日・英・米・西独・仏）の蔵相・中央銀行総裁が集まって非公式に開かれていたが、それまでその存在さえ秘密にされていた。もちろん合意内容も発表したことはなかった。ところが今回は市場を驚かせることにより、介入の効果を高めようという「アナウンスメント効果」を狙って公開しようというのである。

　プラザ会議でロンドンでの米国提案どおり、巨額の共同介入が合意されたが、会議後発表された共同声明では「介入（intervention）」の文字はなく、単に「ドル以外の主要通貨の切り上げ」が望ましいとされた。これはもちろんドルの切り下げを意味するが、そうすると強いドルが強い米国を象徴するとしていたレーガン政権の面子に傷がつくため、こういう回りくどい表現になった。

　翌二三日ニュージーランドで市場が開くや否や、まだG5の介入が始まっていないにもかかわらず、ドルは下がり始めた。やはり「アナウンスメント効果」があったのである。二三日は秋分の日であったため、日本の介入はなかった。欧州での介入でさらにドルは下がったが、翌二四日、日銀が介入してみると、意外とドルが強いのに通貨当局は驚いたという。

　ともあれ、一九八五年末までにはドルは対円で約二〇パーセントあまり下落し、一ドル＝二〇〇円くらいになった。ところが年が明けてまもなく竹下蔵相の舌禍事件があった。「竹下一九九円も」と報道され、日本はさらにドルが下がることを容認すると市場に受け止められた。したがって、八六年中ドルは急激に下がり続けた。夏に蔵相が竹下から宮沢喜一に交代し、日本はドルの安定を模索し始めた。これ以上のドル安は日本の輸出企業には耐えられないと思われたからである。事実、すでに円高不況と呼ばれる景気停滞が始まっていた。

　一九八六年九月のサンフランシスコでの宮沢・ベーカー会談で日本はドルの安定化を求めたが、ベーカーは日本のマクロ政策の緩和を要求した。日本がマクロ政策（財政・金融）により内需を刺激すれば、米国の対日輸出が増え、米国の貿易赤字が解消の方向へ向かうというのである。この年、日本銀行は米国の圧力もあり、金利（公定歩合）を数次にわたって下げた。これに対し財政は大蔵省（現財務省）の抵抗もあり、なかなか動かせなかった。宮沢は補正予算を組んだが、そのなかには「真水」（景気刺激につながる支出）はほとんどなかった。米国は日本の政策協調が不十分だとして、ドル安を放任する姿勢を続けた。

宮沢は翌年一月にも単身ワシントンに飛びドル安定化への協力を求めたが、米国は聞く耳を持たなかった。

しかし一九八七年度の予算で公共投資の大幅増額というお土産を持って開かれた二月のルーブル会議では、ドルと他のG5通貨の間に為替の「参照圏」を設けるということで合意がまとまった。ドルの現行レートから上下五パーセントを「参照圏」とし、その参照圏を破りそうになったら介入するという約束である。しかし、この参照圏は守られず、結局反故《ほご》になってしまった。したがって、日本は独自で円高ドル安に対処せざるを得ず、単独ドル買い介入および低金利政策を続けた。この政策により市場はいわゆる「カネ余り」状態となり、資金は株式市場、為替市場、および土地への投機へと向かった。金融機関だけでなく、一般の製造業でも「財テク」をしたほうが儲かったのである。こうして日本はバブル経済（資産価格が実態とかけ離れた価格に高騰する状態）に突入したのである。日本政府が逆の方向に舵を切り始めたのは九〇年になってからであった。

参考文献　Funabashi (1988); Volcker and Gyohten (1992); Iida (1999); ＮＨＫ（一九九六）

第6章

開発と環境

本章では開発と環境について論じる。開発の問題は以前からＩＰＥでは大きなテーマであったが、環境問題は経済問題とはみなされず、ＩＰＥの中心的テーマとはなってこなかった。しかし、環境問題が人間の経済活動と密接にむすびついていること、国際環境レジームの研究には、これまで蓄積されてきたＩＰＥの理論が多用されていることなどを考えると、環境問題をＩＰＥのテキストからはずすことは時代遅れであると思われるため、本章で論じることとした。

本章で考察する疑問点は以下のようにまとめることができよう。

- 経済開発とは何か
- 南北問題が大きな国際政治問題となったのはなぜか
- 経済開発を促すためにさまざまな国際的施策が行われているにもかかわらず、なかなか開発に結びつかないのはなぜか
- 環境問題とは何か
- 環境保護のための国際的取り組みはどのように行われているか

1―開発の政治経済学

1　経済開発（発展）とは

一口に経済開発（あるいは経済発展、英語ではいずれもeconomic development）といっても、その意味は一定ではない。第二次世界大戦後から一九六〇年代にかけては国民総生産（GNP）の成長率が重視されたが、一九七〇年代には一時的にではあれ、人間の基礎的ニーズを充足させることを重視したベーシック・ヒューマン・ニーズ（BHN）が提唱された。また一九七〇年代は南北問題が極度に政治化された時期でもあった。一九八〇年代には発展途上国が次々と累積債務危機に陥ったことから、**構造調整**（structural adjustment）が開発の合言葉となったが、一九九〇年代以降は、「人間開発」や「社会開発」など新たな側面が重視されるようになるとともに、貧困の削減・撲滅も国際的目標として掲げられるようになった。このように開発は時代とともに、その内容や意味合いが徐々に変化していることに注意する必要がある。

一九五〇年代から六〇年代にかけてアジア太平洋・アフリカなどの植民地が次々と独立するとともに、これらの国々の経済発展をいかに確保していくかが国際的政治課題となった。もちろん、人道的な考慮もあるが、それにもまして、これらの国々が経済的危機に陥ると共産主義勢力が強くなり共産化されてしまう恐れがあり、それを防ぐ意味合いが強かった。したがって、先進国の援助政策を調整する開発援助委員会（DAC）が経済協力開発機構（OECD）に設置されたのがこのころであったこともうなずける。この時代、開発を考える知的枠組みで優勢であったのは近代化理論あるいは段階的発展論であった。新独立国は、伝統的、後進的社会であり、欧米のような近代的社会に脱皮するまでの生みの苦しみが、まさしく開発であった。つまり、いずれの国も古い因習的な形態から合理的な近代社会に生まれ変わることが、当然のこととみなされたといえよう。そしてそのひな型とされたのが北米および西欧諸国であった。

一九六〇年代までには、ラテンアメリカで開発に有力な手段として**輸入代替**（消費財の輸入を制限し、自国で生産する政策方針）が提唱されるなど、欧米中心の、あるいは関税及び貿易に関する一般協定（GATT）を中心とした自由主義的な経済体制に挑戦する動きが出始めていた。しかし先進国に対する途上国の要求が本格的になるのは、一九六四年に国連の専門機関として国連貿易開発会議（UNCTAD）が、GATTと守備範囲が重複する機関として設立され、その第一回総会にプレビッシュ報告が提出されてからである。初代UNCTAD事務局長のR・プレビッシュは同報告書のなかで、途上国の第一次産品に対する先進国の輸入増進、第一次産品の価格安定、途上国製品に対する特恵関税の導入など、さまざまな要求を行った。こうして南北問題は単に途上国と先進国の経済的格差という経済的問題から政治的問題へと変化していったのである。

南北の対立がピークに達したのは一九七〇年代であった。アラブ諸国はそれまで「セブン・シスターズ」と呼ばれる有力な欧米石油会社に石油採掘権を安価で与え、その輸出価格の一部を得るという形で収入を確保していたが、欧米石油会社への要求を硬化させ始め、次第に石油価格に厳しい注文をつけるようになってきていた。そして一九七三年の第四次中東戦争をきっかけに親イスラエル政策をとる米国などに石油を禁輸したほか、石油価格を高騰させるなど、その態度は過激化した。またアラブ諸国は途上国の指導的役割を果たそうとしたため、北に対する南の要求は激化していったのである。この結果、一九七四年には「**新国際経済秩序（NIEO）樹立宣言**」が国連の特別総会で採択されたほか、その年の末には「経済的権利憲章」も採択された。これらの文書のなかで、資源などに対する恒久的主権や途上国の発展に対する権利が高らかに謳われたのである。

これを機に、途上国と先進国との間でさまざまな問題について南北対話が催されたが、何ら実質的進展を見なかった。また石油価格の高騰は途上国の発展に新たな問題を引き起こした。途上国の多くは石油輸入国であったため、貿易赤字が深刻化し、それを外国の銀行からの融資でまかなうようになっていった。またアラブ諸国は石油から上がった利益を欧米の銀行口座に預けたため、欧米銀はこの「オイル・ダラー」をどこかに貸し付ける必要があり、途上国が格好の得意先となっていった。こうして途上国の国際債務残高が次第に膨れ上がり、一九八〇年代の累積債務危機の種がまかれたのである。

しかし、そのような消費のための借金は永久に続けるわけにはいかない。ついに一九八二年夏にメキシコが債務危機に陥り、その後、途上国は次々に危機に陥った。欧米の銀行は債務の繰り延べ交渉により、一時凌《しの》ぎを続けたが、途上国は国際通貨基金（ＩＭＦ）や世界銀行（世銀）からの融資に依存するようになる。ＩＭＦや世銀はまずマクロ政策の引き締め、通貨の切り下げなどの応急処置を処方したが、それとともに市場原理を途上国経済に取り入れるような構造調整を要求した。すなわち、国営企業の民営化、経済的規制緩和、公共サービスの受益者負担など、すでに先進国の間でも優勢になり始めていた「小さな政府」の考え方を途上国にも輸出していったのである。また途上国側もそれらの要求に次第に聞く耳を持つようになっていった。チリの「シカゴ・ボーイズ」（チリのピノチェト政権で活躍した二五人のエコノミスト。米国のシカゴ大学で新古典派経済学を学び、ピノチェト政権下で、経済の自由化を推し進めた）に代表されるように、米国の自由主義的な教育を受けた経済顧問が政府の中枢で権力を握ると、構造調整を嬉々として受け入れるようになったのである。

また先進国も途上国の累積債務危機を静観しているわけにはいかなかった。主要債務国が返済不能になれば、自国の金融機関にも累が及びかねないからである。日本政府が一九八七年に提唱した宮沢構想は実現しなかったが、翌年にその趣旨を取り入れた**ブレディ・プラン**が米国から提唱されると、次第に債務危機は解消の方向に向かった。

一九九〇年代は冷戦の終結もあり、全体的に理想主義的雰囲気が台頭した時期であるが、開発にも新たな展開が見られた。国連開発計画（ＵＮＤＰ）により「人間開発」の考え方が提唱されると、次第にそれが開発の現場にも生かされるようになっていった。このスローガンのもとに、参加型の開発や開発への女性の関与などが開発の課題となっていった。また、一九九五年にコペンハーゲンで社会開発サミットが行われたのをきっかけに、開発は単に経済だけの問題ではなく、社会全体の問題であるとの認識が高まり、教育や公衆衛生などへの援助が増加した。また貧困の削減が大きな目標となりだしたのも九〇年代からであり、二〇〇〇年の国連ミレニアム総会で**ミレニアム開発目標（MDGs）**が採択され、第一の目標は二〇一五年までに貧困を半減させることとされた。

貧困削減は、IMFや世銀の政策にも反映されるようになっている。IMFや世銀の融資を受ける国は**貧困削減戦略ペーパー（PRSP）**を作成し、そのプランに基づいて、着実に貧困を削減していくことが義務付けられている。これまでのコンディショナリティ（融資条件）に貧困削減が付加されたわけである。このように現在は開発といっても多様な意味があり、さまざまな取り組みが行われている。

2　南北問題

上述したように、南北問題は一九六〇年代から一九七〇年代にかけて、国際政治経済における一大課題となった。これは単に北の先進国と南の途上国の所得格差だけを意味するものではなかった。南北問題とはきわめて政治的なものであり、それは先進国の世界経済支配に対する挑戦でもあった。S・クラズナーは、南北問題とは、先進国の主導する国際自由主義に対する途上国の抵抗であるととらえた（Krasner 1985）。またそのような抵抗をするのは、途上国の二重の弱さによるものだと分析している。一つ目の弱点は、国際的政治力の弱さであり、これは自明であろう。先進国に世界を牛耳られているという認識は途上国の間では強く、したがって少しでもその関係を平等なものとするため、さまざまな要求をしていくことはある意味では当然であろう。もう一つの弱さは国内的不安定性である。途上国政府は強力な政策手段を持ち合わせておらず、例えば徴税能力なども弱体である。このため、政権の力を増すためには、欧米の提唱するような自由主義ではなく、政府が経済に大きく関与できるような経済システムが好ましく、そのためには西側の主導する自由主義的な国際経済体制にも変更を加える必要があったのである。(1)

西側諸国が牛耳っていたGATTに対抗して、一九六四年にはUNCTADが設立され、四年ごとに大きな会議が催された。またすでに述べたとおり、一九七四年にはNIEO樹立宣言が採択され、先進国への数々の要求がなされたのである。しかし、その後の先進国との交渉は長引き、結局一九八一年の南北サミットも失敗のまま終わっている。その後、八〇年代後半にかけて途上国の結束力は急激に衰えていく。

では南の結束力が衰えたのはなぜだろうか。クラズナーのいう外的な弱さと内的な弱さという要素は変わっていない。変わったのは次の要因である。まず、石油輸出国機構（OPEC）の弱体化である。一九七〇年代の南の強さ（それは結局見かけだけの強さではあった）の一因はOPECによる攻勢である。しかし、一九八〇年代には国際石油価格が低下し、OPECもなかなか高飛車には出られなくなった。また、一九七〇年代から八〇年代にかけて東アジアの途上国が急激な発展をとげ、それとともに、南の急進派とは距離を置くようになったことから、途上国間の結束が乱れ始めた。また南北問題のイデオロギー的な面も忘れてはならない。クラズナーも認めているように、南北問題は北の自由主義的国際経済秩序への南の反発であった。ということは、途上国が自由主義的になれば、この問題も沈静化に向かうことは当然であった。途上国国内で北の自由主義的経済学に賛同する勢力が出始めたことから、世界的に、新古典派理論あるいは**新自由主義**（neoliberalism, ただし国際関係理論のネオリベラリズムとは異なる）的考え方が優勢になっていった。この流れのなかで、一九八〇年代に南北問題は急速に姿を消して（あるいは変えて）いくのである。

このように南北問題は国際的政治課題としては沈静化しているが、南北格差が解消されたわけではない。ではなぜ途上国の発展が難しいのか、国際的な具体的問題に焦点をあわせて見てみよう。やや単純化していえば、開発の手段である政府開発援助（ＯＤＡ）も対外直接投資（ＦＤＩ）も世銀などの国際金融機関からの融資もすべて先進国の思惑が優先していることがその原因の一つということができる。

3　政府開発援助（ODA）

当初、**政府開発援助**（**ＯＤＡ**）は冷戦戦略の一環としての性格が強かった。その意味では、途上国で非共産政権を維持することが最大の目的であり、真の意味での経済発展は従属的な位置付けであった。しかし、Ｄ・ラムズデインはそのようなリアリスト的な解釈を厳しく否定し、実は理想主義がＯＤＡの原点であるという理論を展開した（Lumsdaine 1993）。ＯＤＡの思想には利他的思想が入っているというのである。その証拠として、利己的な考え方が入りにくい多国間援助が戦後一貫して増えていることなどを指摘した。しかし、この点に疑問がないわけではない。後述するように、世銀にも先進国（特に米国）の意思が色濃く反映される仕組みになっている。

また国によって、ＯＤＡの政策的位置付けがかなり異なることにも注意が必要である。例えば、日本のODAは経済的（重商主義的）要素が強いのに対し、[2]米国の援助は戦略的要素が強く、また欧州は人道的要素が強いということがよく言われるが、P・シュレーダーらの研究によると、特に人道的要素が強いといわれるスウェーデンのODAでも人道的配慮の影響は認められないという（Schraeder, Hook, and Taylor 1998)。

4 対外直接投資（FDI）

もちろん公的資金であるODAも経済発展に重要ではあるが、今日では途上国における投資額としては民間の資金のほうがはるかに多い。一九九〇年代初頭以来、世界全体で**対外直接投資（FDI）**がODA総額を上回っていることから見ても、民間企業による途上国における投資、特に直接投資が経済発展にとってはより重要である。[3]

IPEでは、古くから多国籍企業（FDIを行う企業）と国家との力関係が問題とされてきた（Vernon 1971; Krasner 1978)。多国籍企業は往々にして寡占企業であり、国際的な寡占体制を簡単に構築することができ、これに対して国家の権限は限られているとされた（Hymer 1976)。第3章で紹介した従属論では、多国籍企業は、途上国政府に対して圧倒的な力をもち、途上国を意のままにできることが当然のこととされた。確かに、一九五〇年代にイランで急進派政権が石油を国有化しようとしたり、一九七〇年代にもチリで左派政権が電話を国有化しようとしたりした際（当時は米国のITTがチリの電気通信業を牛耳っていた)、米国の介入も一因となって、クーデタが起こされたわけであるから、従属論的に考えても、決して不思議ではなかった。しかし、その後、多国籍企業は投資を始める際には、アメを持っているため、投資受け入れ国に対して強い立場に立てるのに対して、いったん投資をしてしまえば、工場などの投下資本が「人質」となりうるため、立場が弱くなるとの議論などもなされた。結局この問題には、決着がついていない。

また、途上国と多国籍企業の間で紛争が起きた際には、二国間投資（保護）協定（ＢＩＴ）や自由貿易協定（ＦＴＡ）などによって設置された紛争処理のシステムに委ねられることが多くなったため、多国籍企業と受け入れ国の力関係は、そのような紛争処理のメカニズムがどちらに有利に働くかによるだろう。この点についてはまだ十分な研究がなされているとはいいがたい(4)。

5　世界銀行

最後に途上国と深い関係にある国際機関として**世界銀行**について見ておこう。世銀は当初、ＩＭＦとともにブレトン・ウッズ体制の一翼を担う形で設立された**国際復興開発銀行**（**ＩＢＲＤ**）の別称だったが、当初の規模は小さく、特に欧州の戦後復興が主な目的であった。その後、途上国に対する融資も行われるようになったが、一九六〇年代までは途上国のなかでも比較的所得の高い、いわゆる中進国に対する融資が中心であり、またインフラ・プロジェクト向けの融資が大半であった。その後、国際開発協会（ＩＤＡ、貧困国向け融資専門）や国際金融公社（ＩＦＣ）、多国間投資保証機関（ＭＩＧＡ）などが設立され、これらをあわせて「世銀グループ」あるいは「世銀」と呼ぶようになる。

しかし、一九六八年にR・マクナマラが総裁に就任してからは、世銀は急速に方向転換を行う。経済発展には貧困の削減が重要であること、また途上国の貧困削減には特に所得の低い農村部の開発が重要であることを重視し、そのため、農村に対する融資を増額することになる。このように発展に関する規範が変わったことをM・フィネモアは強調している(Finnemore 1996b)。その後、世銀は上記のような新自由主義的イデオロギーの一翼を担うことになるが、それでもマクナマラが経済発展の分野に大きな足跡を残したことには変わりない。

国際レジーム(制度)にはこういった観念的要素が強いことは、後にR・ウェードによっても強調されている。ウェードは、世銀は英米の大学院で新古典派経済学の薫陶を受けたエコノミストによって占められており、かれらのイデオロギー(信条体系)はさまざまな方法で維持されるようにできていると説いた(Wade 1996)。例えば、日本政府は世銀の自由主義的考え方を修正するつもりで、『東アジアの奇跡』(World Bank 1993)報告書の執筆を委託したが、結局日本政府が考えていたような国家主導型開発理論に対する支持については、内容が薄められ、世銀がそれまで唱えていたような開発観が前面に出ることになった。しかし、微妙ではあるが、方向修正の可能性があることも示唆した。後にJ・スティグリッツが世銀のチーフ・エコノミストになり、かなりの方向転換が行われたことも事実である。このように国際組織における政治には、アイデアとアイデアのせめぎあいが重要な役割を果たしていることは確かであろう。

2—環境の政治経済学

1　環境問題

工業化の進展とともに、先進諸国の自然環境はいずれも急激に悪化していたが、環境問題に対する関心が高まったのは一九六〇年代に入ってからのことである。米国ではR・カーソンの『沈黙の春』(Carson 1962) がベストセラーとなり、自然環境の悪化が大衆に警告された。日本でも一九六〇年代に水俣病、イタイイタイ病、四日市喘息などがマスコミにも注目されるようになり、四大公害訴訟を経て次第に公害に対する関心が高まっていった。しかし、まだこのころは公害や環境汚染といっても国内、あるいは一部の地域の問題にとどまっており、国際問題としては認識されていなかった。ようやく一九七二年に**国連人間環境会議**（**ストックホルム会議**）が開かれ、環境が世界共通の問題であるとされ、国際的取り組みが求められるようになった⑤。

環境問題が真の意味で地球規模の問題とみなされるようになったのは一九八〇年代後半だったといえよう。まずオゾン層の破壊が急激に進んでいることが科学的に明らかになり、世界の注目を集めた。またこの問題に対する国際社会の対応は速やかだった。一九八五年には国際的にオゾン層問題について調査していくことを約したウィーン条約が結ばれたが、その後、南極上空にオゾンホールが発見されたことから、一九八七年には**モントリオール議定書**（オゾン層を破壊する物質に関するモントリオール議定書）が調印され、オゾン層を破壊するフロンガス（CFCs）の使用および生産の削減が約束された。その後、モントリオール議定書は数次の改訂を経て、先進国の間ではフロンガスなどの生産と使用がすでに全廃されている。

また一九九二年の**国連環境開発会議**（**UNCED、リオ・サミット**）では**気候変動枠組条約**（気候変動に関する国際連合枠組条約）および**生物多様性条約**（生物の多様性に関する条約）が調印された。しかしリオでは米国が急激に環境問題に後ろ向きになったことが目立った。その後、気候変動枠組条約の**京都議定書**が調印されたが（コラム6-1を参照）、米国はクリントン政権が署名をしたものの、ブッシュ（子）政権は議会に批准を求めないこととしたことは周知のとおりである。このように、オゾン層保護の問題では指導力を発揮した米国も、すべての面で主導的役割を果たしているとはいえず、通商や金融などの経済分野とは対照的である。

2　国際環境レジーム

二〇世紀になり環境に関する条約は急激に増えており、特に近年その増加が激しい（Meyer et al. 1997）。それだけ環境に対する関心の高まりを示しているといえようが、すべての条約が当初の目的どおり機能しているわけではない。しかし非常に成功しているものもある。このような違いはどこからくるのであろうか。この疑問に答えるのがレジームの有効性理論である（国際レジームについては第2章第3節を参照）。ただ単に有効性といってもいくつかの側面があることに注意する必要がある。O・ヤングとM・

リービーは少なくとも⑴問題解決、⑵法的遵守、⑶経済的効率性、⑷規範的側面、⑸政治的有効性の五つを区別することが可能であるとしている（Young and Levy 1999）。ともあれ、五つの有効性はきわめて密接に相関しており、どれで測ったとしても有効なレジームと有効でないレジームがあることは確かである。したがって、有効性を決定する要因についても盛んに研究されている。

まずリアリストからすれば、レジームの形成およびその有効性は大国の影響力に大きく左右されると考えるのが妥当であろう。確かに、そのような側面を強調する向きもある。例えば、**国際捕鯨委員会（IWC）**（捕鯨レジーム）で一九八二年に採択されたモラトリアム（商業捕鯨の一時停止）がいまだに続いているのは、米国の影響力を抜きには考えられない（Miyaoka 2004, 32-34）。また地球環境レジームの中でも特に成功していると思われているオゾン層保護レジームでも、米国政府の積極性なくしては、その成功は考えにくかった。京都議定書がなんとか締結にこぎつけたのは、欧州連合（ＥＵ）の指導力の賜物であるといえるが、最大の二酸化炭素（ＣＯ2）排出国の米国が消極的では、自ずとその有効性は限定的となる。しかし、一般的に環境レジーム研究者は、環境問題におけるパワーの説明能力には懐疑的である（Zürn 1998, 625）。

これに対し、リベラリズムでは有効性が理論の中核になっている。例えば、Ｐ・ハースらの共同研究は、三つのＣの要因が重要であると指摘している（Haas, Keohane, and Levy 1993; Keohane and Levy 1996）。⑴政府の関心（Concern）、⑵契約環境（Contractual environment）、⑶履行能力（Capacity）、の頭文字をとって３Ｃとしたわけだ。関心とは当該問題に対する政府の関心度を指している。契約環境とは条約や協定などを締結（契約）する際に、それを阻害する要因が少ないことを指す。最後に履行能力とは、いったん条約を批准しても、行政能力や科学的知見の不足により、加盟国が約束の履行を行えないことなどを意味する。そのような障害が少なければ、レジームは有効に機能する。またハースらは、これら三つの条件は、レジーム自体によっても変化するとしている。

(1)関心は、ショックや危機、あるいは大規模な事故などによって引き起こされることが多い。また科学的一大発見がそのような関心を生むこともある。すでに述べたオゾンホールの発見などが好例である。

(2)契約環境は関連するプレーヤーの数などにもよるが、なんと言っても科学的不確実性が大きな要因であると思われる[6]。温暖化対策に米国が消極的なのは、もちろん利益団体の影響もあるが、科学的に十分立証されていないという口実を与えてしまうことが問題であった（Zürn 1998, 630）。環境レジームが、このような不確実性を引き下げるのにつながれば、レジームの有効性は増大する。

(3)履行能力の問題はチェイズ夫妻の履行論で強調されている要因である。A・チェイズとA・H・チェイズは条約履行の問題について検討した結果、リアリストやリベラリストが推奨するような、「罪と罰」（条約履行の監視を行い、違反を発見したら速やかに罰することができるようにすること）は国際社会の実情にあったものではなく、それよりも、説得と**キャパシティ・ビルディング**（**能力構築**）が、重要であると主張した（Chayes and Chayes 1993, 1995）。キャパシティ・ビルディングは実際、多くのレジームで行われている。

また有効性理論ではしばしば**制度設計**（regime design）の重要性が強調される。R・ミッチェルは海上油濁汚染に関するレジームの比較を行った結果、排出規制を定めたレジームは、タンカー艦長がそれを無視して、沖合で石油を含んだ水を排水することから、まったく有効性を欠いていたのに対し、その後タンカーの設備を石油とバラスト水が混じらないような構造にすることを定めたレジームは、そのような構造の船舶でないと保険に入れないようになったこともあって、遵守率が高まったとしている (Mitchell 1994)。このように汚染源の主体に対して効果的なインセンティブ（誘因）を与えることが必要であることが明らかとなった。ミッチェルはこの例を一般化し、正確に遵守の有無を自己申告するインセンティブを高めるレジームほど成功するとした (Mitchell 1998)。

3　認識共同体再考

以上がリアリスト、リベラリストの議論であるが、環境レジーム研究の分野で最も有力な理論の一つは認識共同体理論であることは間違いない。第３章でも触れたように、認識共同体とはある政策分野あるいは特定の問題について因果的あるいは規範的信条を共有する科学者、政府関係者、ＮＧＯ関係者などが提携して築き上げるネットワークである。Ｐ・ハース (Haas 1990) は、地中海の環境汚染対策の問題について、このようなネットワークが強固な国では汚染対策が進むのに対し、そのような共同体の影響が政策に及ばない国では解決が進まないと説明した。地球規模の環境レジームについても、この理論が応用できる。ハースはオゾン層保護レジームで認識共同体の形成がいかに一九八七年のモントリオール議定書の締結とその後の発展に貢献したかを実証している (Haas 1992a)。また例えば、生物多様性レジームの脆弱性も認識共同体内の分裂によって説明できるかもしれない。現在では生物多様性について、主に科学者を中心とする保全派（科学的に捕獲量を管理していく立場）と、NGOやアニマルライツ推進派を中心とする保護派（自然をありのまま残そうとする立場）に分かれて、論争を続けている。[7]しばしば両者の間では生物多様性レジームをどのように運営していくかについて激しい対立が起こることになる。例えば、日本は捕鯨の分野で調査捕鯨の増加や限定的商業捕鯨の再開を主張するのに対し、米国はNGOの意見を反映し、商業捕鯨モラトリアムを恒久化することを目指している。これは一例であるが、このような場合には、認識共同体がレジームに与える影響力も半減すると思われる。しかし、これだけでは説明のつかない分野もある。たとえば、気候変動の分野では、気候変動に関する政府間パネル（IPCC）を中心として国際的な認識共同体がすでに形成されているはずであるが、当の気候変動レジームは弱体である。これには他の要因を考えざるを得ない（たとえば利益とコストのバランスなど）。

また認識共同体の一部でもある環境NGOの活躍が目覚しいのも近年の国際環境政治の特徴である。環境レジームに対するNGOの貢献は多岐にわたるが、ある論者によれば、(1)政策面での研究開発、(2)国家の制度遵守の監視、(3)交渉過程の情報提供、(4)国内の情報伝達、(5)批准の促進等が主な役割であるという（Raustiala 1997b）。

4　環境をめぐる国内政治

また同じレジームの中でも、国によって、積極的である場合と消極的である場合とがある。このような違いはどこからくるのであろうか。たとえば、気候変動については、ドイツは最も積極的で米国はきわめて消極的、日本はその中間ぐらいと位置付けるM・シュラーズは、これを経済社会問題に関する認識と、国内の制度的要素によって決まるとしている（Schreurs 2002）。まず、ドイツにはもともと社会市場経済という考え方があり、市場に政府が積極的に介入して福祉などの問題に取り組むことに肯定的な土壌がある。これに対して、米国は市場原理を重視しており、気候変動についても京都で排出権取引など市場メカニズムを提唱したのは米国である。今でも米国は市場原理に基づく解決法を模索している。日本は経済についてはもともとドイツに近い考え方だったが、米国の影響も受けるため、その中間的な立場になる。

またドイツの環境政策は緑の党の存在なくしては語れないことは明らかである。緑の党が選挙で議席を獲得することができるのは比例代表制があるからである。しかし日本も一九九三年の公職選挙法改正以来、小選挙区制と比例代表制を組み合わせた制度を採用しているが、いまだに緑の党の候補が当選する気配はない。米国は小選挙区制であるため、単一争点型の党である緑の党が議席を獲得することは至難の業である。また米国とドイツは環境団体の力が強いが、日本は一九七〇年代の公害訴訟以来、環境団体は弱小である。これも各国の態度に反映するが、米国の環境団体が気候変動問題で効果的に活動できないのは、それ以上に企業の影響力が強大だからである。また米国の国内政治がきわめて分権的であることも、消極性の一因であるといわれている（Raustiala 1997a）。

5 開発と環境

この章を結ぶに当たって、開発と環境の関係に付言しておく必要があろう。同じ章に開発と環境という一見矛盾するテーマをいっしょに論じるのに意義がないわけではない。なぜなら開発と環境は人間の営みにとって表裏一体の関係にあるからだ。

中国のように経済発展が著しい国では環境汚染の問題も深刻である。最近中国もやっと環境問題に本格的に取り組みだした。日本も高度成長期にはさまざまな公害を引き起こし、多大な被害を出したことは、すでに見たとおりである。また、コラム6-2にも見られるように、特定の開発プロジェクトが大きな環境問題を誘発することもしばしばである。したがって、一見、開発と環境の間には大きなジレンマがあるように思われる。ではその間のバランスをいかに保っていったらよいのであろうか。

この問題は国際社会でも早くから問題視され、その解決法が模索されてきた。例えば、一九七二年のローマ・クラブ報告（Meadows et al. 1972）は、経済成長には環境や資源などの制約条件があるため、必然的にいつかの段階でストップがかからざるを得ないという悲観的シナリオを描いた。また環境保護運動は環境保護を優先し、ある程度の経済的停滞もやむを得ないという態度をとっている。これに対し、途上国は経済発展のペースを落とせば政権の権威失墜、ひいては政情不安まで引き起こしかねないため、環境問題には目をつぶりがちである。

国連ではこの問題について一九八七年の**ブルントラント報告書**（World Commission on Environment and Development 1987）で一定の答えを出した。それが「**持続可能な開発**（sustainable development）」の考え方である。ブルントラント委員会は、「持続可能な開発」とは「将来の世代のニーズを満たす能力を損なうことなく、今日の世代のニーズを満たすような開発」と定義し、持続的発展には環境保全が不可欠であるという、開発と環境の相互補完性を強調した。その後、「持続可能な開発」のコンセプトは一九九二年のリオ・サミットで「環境と開発に関するリオ宣言」や「アジェンダ21」などの文書のなかで中心的な考え方とされ、一層定着した。

したがって、現在の国際社会ではこの問題について「持続可能な開発」が最も望ましいという点ではコンセンサスができていると見られるが、しかし対立がまったくなくなったわけではない。例えば、気候変動をめぐる京都議定書の策定過程で、途上国グループは温室効果ガス削減の義務を迫る先進国に対し「先進国は産業革命以来、相当量の温室効果ガス（GHG）を排出してきた。現在進行している温暖化現象は主に先進国の責任である。したがって、その対策の責務も先進国側が負うべきではないか」と反論した（田邊 一九九九、五五頁）。この議論に対して、先進国は有効な答えを見出していない。できることは、技術移転や資金供与などにより、途上国の「持続可能な開発」を支援していくということにとどまっている。

3―総　括

開発も環境も一見、国内問題と思われるが、国際政治・社会が密接に関与している点では共通している。開発については、冷戦期に途上国の経済的遅れが共産主義の温床になるとの認識から西側先進国が盛んに開発援助に乗り出したのに端を発するが、その後、途上国自体も開発への支援を強く要望するになったことから、国連、世銀、地域開発銀行などを通じて国際協力が行われるようになった。しかしODAにしろFDIにしろ、どうしても先進国の利益が優先されるため、途上国の自立的発展には結びつきにくい。

環境問題もかつては国内問題であったが、一九七〇年代以降、次第に国際問題化し始めた。特にオゾン層の問題の発覚を契機に環境は地球レベルの問題であると認識されるようになった。このためさまざまな国際環境条約等、さまざまな国際制度が設立されるようになったが、比較的有効に機能しているものからあまり機能していないものまでさまざまであり、この違いを説明することがIPEの大きな課題となっている。

本章の要点

- **経済開発は多義的概念であり、その意味は時代とともに変化してきた。現在は貧困の撲滅が前面に出てきている。**
- **一九七〇年代、いわゆる南北問題が最高潮に達したが、これは途上国による西側自由主義的経済体制に対する挑戦であった。しかしその後、南北問題は沈静化した。**

- 国際社会が途上国の経済発展にかかわる仕方としてODA、FDIなどがあるが、いずれも先進国の思惑が反映されやすい。
- オゾン層保護の問題に代表される地球規模の環境問題の出現により、国際社会が一致団結して取り組まねばならない課題が山積している。その解決方法としてさまざまな国際環境レジームが構築されつつある。
- 環境レジームの有効性はそのレジームの制度設計に左右されるという議論が有力である。また当該問題において強力な認識共同体が存在するとそのレジームは有効に機能しやすい。
- 環境問題も他の分野の政策と同様に各国の国内政治や制度に大きく左右される。
- 環境保護と開発は対立することがあるが、現在ではそれを両立させる「持続可能な開発」の観点でコンセンサスができている。

コラム6-1◆京都議定書

京都議定書は、日本を舞台にして締結された初の主要国際環境条約である。地球温暖化の悪化を防止するため先進国全体で温室効果ガスの排出量削減を取り決めたこの条約はいかにして結ばれたのであろうか。

地球の平均気温が長期にわたって上昇していることは一九八〇年代から明らかになり始め、一九九〇年の気候変動に関する政府間パネル（ＩＰＣＣ）第一次評価報告書により公式見解となった。同報告書によれば、温室効果ガス（二酸化炭素（CO_2）やメタンガスなど六種のガス）の大気中の濃度は確実に増加しており、このままいけば二一世紀の末までに地球上の平均気温は摂氏一度〜三度上昇し、極地の氷が解けることにより、海面も三五〜六五センチメートル上昇するとされた[8]。

これを基に先進国を中心に話し合いが行われ、一九九二年のリオ・サミット（ＵＮＣＥＤ）で締結された気候変動枠組条約では、温室効果ガスの排出量を一九九〇年の水準で安定化させることが約された。

しかし枠組条約だけでは、大気中の温室効果ガスの濃度は増加する一方で、気候変動を逆転させるには不十分であるとして、現状よりも排出量を削減することが求められていた。気候変動枠組条約締約国会議（ＣＯＰ）がその後毎年開かれるようになったが、その第三回目に当たるＣＯＰ3が京都で開催されることになり、その場で大幅な削減が交渉の俎上に上ったのである。

日本としては会議のホスト国でもあり、なんとしても実効性のある条約締結にこぎつけたかった。しかし内情は苦しかった。CO_2の排出は伸び続けており、大幅な削減はそれでなくとも不況で苦しんでいる産業界にさらに打撃になる可能性があった。特に通商産業省（現在の経済産業省）は産業界の意向を代弁し、大幅削減には断固反対した。こうして削減を求める環境庁（現在の環境省）と通産省との妥協により、日本として一九九〇年水準から五パーセント削減を目標とすることで内々に合意に達していた。

一方、米国も削減に反対していた。米国は世界最大のCO_2排出国であり、その参加がなければいかなる削減案も画餅に帰してしまうが、自動車社会で石油への依存度が高いうえ、強力な政治力を誇る石油産業やエネルギー産業が強硬に反対していたからである。また京都議定書では、温室効果ガスの削減義務を負うのは先進国になると思われていたが、米国議会上院では「バード・ヘーゲル決議」が可決され、米国交渉団に対し、途上国に削減義務が課されなければ議定書に署名しないよう求めていた。したがって、米国交渉団は京都議定書に途上国による排出削減義務を盛り込むよう強く主張した。

京都議定書策定にあたって最も指導的な役割を果たしたのは欧州連合（ＥＵ）である。欧州ではデンマーク、オランダ、ドイツなど環境保護に積極的な国が多いが、これらの国が指導力を発揮し、ＥＵ全体で温室効果ガスを二〇〇八〜二〇一二年の（第一）約束期間までに一九九〇年水準から一五パーセント削減すると約し、他の先進国にも同等の削減を求めた。

米国は経済的効率性の観点から、排出権取引の導入も提案した。これは、約束以上の削減をした国から排出権を買い取り、それにより自国が削減したと認められるようにしようとする計画である。ロシアや東欧諸国などは景気の停滞のため、そのころの排出量は一九九〇年水準を下回っていたから、これらの国から排出権を買い取ることができるとみなされたのである。

結局、会議では、先進国全体で平均して、温室効果ガスを五パーセント削減することが目標とされた。また米国の提案していた排出権取引も認められることになった。後に「京都メカニズム」と呼ばれるさまざまな柔軟性措置（排出権取引、共同実施、クリーン開発メカニズム）や森林などの吸収源についても基本的合意が達せられたものの、細部については後日詰めることになった。

米国政府は議定書の内容に難色を示したものの、環境派のゴア副大統領が自ら会議に出席し、なんとか署名にこぎつけた。この結果、第一約束期間までに一九九〇年レベルからＥＵが八パーセント、米国が七パーセント、そして日本は六パーセントの削減義務を負うことに合意した。

しかし米国議会は当初から批准しない意向を示していた。産業界から強い反発を受けていたためである。したがって二〇〇一年、クリントン政権からブッシュ（子）政権に交代すると、米国は議会の批准を求めない意向を示した。日本や欧州は何とか米国の参加を確保しようと説得を繰り返したが、成功せず、日本は米国が参加しないまま批准することを決めた。ロシアが二〇〇四年になってようやく批准したことから、京都議定書は二〇〇五年二月発効した。しかし現時点（二〇〇七年五月）で、米国と豪州はいまだ批准していない。しかし二〇〇七年になって、この両国で気候変動に対する意識に変化がみられ始めた。また二〇〇五年には京都議定書の初の締約国会合（MOP−）が開かれ、そこではすでにポスト京都の議論が始まった。

参考文献　田邊（一九九九）

コラム6-2◆大規模ダム建設の諸問題

途上国は経済発展に伴う電力需要増に応えるために大規模ダムの建設に積極的である。また世界銀行やその他の開発機関もそのようなインフラ（社会基盤）の整備には好意的であったことから、ダム建設は世界各地で活発に行われてきた。

しかし、ダム建設にはさまざまな問題が伴う。これまで世界で共通して起こってきた問題は住民の移転問題および環境破壊の問題であった。ここでは、あるダム建設をめぐる論争と、それに伴う国際社会の対応について見てみよう。

ここで取り上げるのは、インドのナルマダ渓谷に建設が予定されていたサルダル・サロバル・ダムの建設問題である。同ダムは、世銀の手がけたプロジェクトの中でも、特に環境問題・人権問題が大きく取り沙汰された開発計画の一つであった。世銀は「非自発性移住ガイドライン」と「環境ガイドライン」を策定し、これらの問題への対処法を用意していたが、インドがこれらを無視していたことを黙認した。インドは、無利子長期融資を専門とする国際開発協会（ＩＤＡ）の最大の得意先であり、その最大の顧客を切り捨てることは難しかったのである。しかしダム建設により一〇万人が移住先も決まらないまま立ち退きを迫られ、現地での反対・抗議運動が活発化していった。これに呼応するように国際ＮＧＯも同ダム建設への反対運動を強め、一九八八年以降、世銀の年次総会には数万のデモ隊が押し寄せるようになる。また一九九二年の世銀・国際通貨基金（ＩＭＦ）総会では、会場への道路がＮＧＯのバリケードにより封鎖され、そのバリケードには「世銀はナルマダ融資から手を引け」と大書されていた。再定住の問題のほかに、環境問題としては、広大な森林の水没とそれによる影響、また塩害などが指摘されていた。

世銀はこの問題について独立した見直し作業を委託し、その結果出された「モース報告」は、インド側がまったく世銀の方針を無視したやり方でプロジェクトを進めていると指摘した。

　この報告を基に、世銀に資金を拠出している主要国の間で議論が闘わされた。融資反対派は、融資を続行すればNGOによる反対運動はますます激しさを増すと予想し、このままでは国際社会における世銀の威信が完全に失墜すると警告した。これに対し、融資の継続を主張する国々は、世銀が関与し続けたほうが結果的にはよくなると主張した。世銀は環境や移転問題についてガイドラインを設けてプロジェクトを推進しており、これを無視し続けているのは、インド側である、世銀がこのプロジェクトから撤退すれば、諸問題はさらに悪化の方向に向かうであろうと警告した。結局、世銀は融資の停止を決定し、表向きには、インドから融資取り下げを願い出てきたという形にして幕引きを行った。これをきっかけに、世銀はダム建設融資に慎重になりはじめた。

　世銀はこの問題を教訓にさまざまな改革を実施した。例えば、一九八七年には内部組織として環境局を設けたり、一九九三年には持続的開発担当の副総裁を任命し、環境への配慮をアピールした。また移住や地元の環境問題などで、被害者が直接世銀に訴えることができるように、一九九四年にはインスペクション・パネルという制度を確立した。すでにこのパネルの勧告により、いくつかのプロジェクトがキャンセルされるか、あるいは大幅見直しをされたといわれている。また世銀は世界ダム委員会（WCD）という諮問機関を一九九八年に設置し、この委員会にダム建設問題一般について広範な議論を行わせることにより、今後のダム建設の指針作りを目指した。委員会は二〇〇〇年に最終報告書を提出し、今後は地域住民の意見も考慮した参加型意思決定を推進するよう答申した。

参考文献　Wade (1997); 山田（二〇〇四）; 段（二〇〇六）

第7章 グローバル化と地域統合

本章では主にグローバル化と地域統合について論じる。グローバル化は、これまで述べてきた通商や金融の分野とも重複するが、そのような分野を横断して起こる独特の現象であるという理解の下、ここで一括して扱う。またグローバル化の一側面として、人の移動についても、本章で扱うことにする。地域統合も通商や金融などをすべて包括していると いう意味ではグローバル化に似ている。また経済・社会のほとんどの部分でほぼ同時進行の形で起こっているという点でも似ている。しかし地域統合のほうが、経済的交流の規模は格段に大きく、またそれに伴う政治的問題もそれだけ重要性を帯びている。

本章で中心となるのは以下の問いである。

- グローバル化とは何か
- グローバル化はどの程度進展しているのか
- グローバル化がもたらす問題とは何か
- 地域統合にはどのような問題があるか

1―グローバル化

1　グローバル化の定義

グローバル化（globalization）の定義は論者によってまちまちで、一定していない。きわめてルーズに使われている場合もあるので注意が必要である。比較的わかりやすい説を二つ紹介しよう。

まずR・コヘインとJ・ナイ（Keohane and Nye 2000）は、**グローバリズム**（globalism）とグローバル化を区別する必要があるとしている。グローバリズムとは状態であるのに対し、グローバル化とはその変化、すなわちグローバリズムの増加である。ではグローバリズムとは何かというと、彼らの定義によれば、「複数の大陸にまたがる規模での相互依存のネットワーク」である。相互依存とは、第2章でも論じたように、国を越えて相互に影響を及ぼし合うことであるが、グローバル化というからには、米加のように、同じ大陸の隣国同士の相互依存だけではこれに当てはまらない。また相互依存はさまざまな側面から成り、そのため、経済的グローバリズム、軍事的グローバリズム、環境的グローバリズム、社会・文化的グローバリズムなどに分けることができる。

J・ショルティ（Scholte [2000] 2005）は、グローバル化が「国際化（internationalization）」（国境を越えた交流の高まり）、「自由化（liberalization）」（国境を越えた資源の移動に対する障壁の除去）、「普遍化（universalization）」（物質や経験が地球のすべての人に共有されるようになるプロセス）、「西洋化

(Westernization)」(西洋の習慣や制度が普遍化すること)といったさまざまな語句と混同されて使われているが、グローバル化とは社会的空間(social space)の質的変化を伴うものであり、「地球横断的結合(transplanetary connectivity)」の増加と評するのが最も適当であると述べている。やや仰々しいが、人々が既存の国家の枠組みにとらわれることなく、地球規模で物事を考えるようになるという認識の変化に重点をおいた定義であるということができよう。その意味で、単に生産活動や経済規制などがグローバルな規模で行われるだけでなく、国境にはとらわれないアイデンティティの形成が進みつつあることを強調するものである。本章では、アイデンティティについては特に問題としないが、グローバル化とは全世界が様々な分野で結合を強める過程と定義することにしよう。

さて、このように定義したとしてグローバル化はいつごろから始まったのであろうか。もちろん交易という面では、古代のシルクロードに見られるように数千年前からグローバルなつながりは存在してきた。しかし、コヘインとナイにいわせれば、それは非常に「薄っぺらなグローバル化(thin globalization)」(Keohane and Nye 2000, 108)だったのに対し、現在のグローバル化はとみに厚みを増しているといわれる。

すでに触れたように、グローバル化は、さまざまな面で進んでいる。貿易自由化による物品の移動の増加や、企業の海外進出に伴う生産の国際化などもグローバル化の一側面である一方、最近のBSE問題や鳥インフルエンザ問題など疫病のグローバル化なども深刻な側面である。貿易については第4章で詳しく触れたため、ここでは、資本の自由化、人の移動、情報のグローバル化に焦点を当ててみよう。

2　資本の自由化

現在のグローバル化で最も注目の的となるのは、資本の自由化とそれに伴う資本の国際移動の増大である。例えば、第5章で説明したように、外国為替市場は国家と国家の通貨制度を結ぶ重要な国際市場であるが、この規模は一九八〇年代から一九九〇年代にかけて急激に増大した。国際決済銀行（ＢＩＳ）は三年ごとにそのサーベイを行っているが、世界の外国為替市場の規模は一九九八年には一日当たり一兆五〇〇〇億米ドルに達した。その後、ユーロ（欧州の統一通貨）が誕生し欧州内での取扱高が減った影響で、外国為替市場の規模も二〇〇一年には一兆二〇〇億米ドルへと若干縮小したが、二〇〇四年には約一兆九〇〇〇億米ドルに上っている。また外為派生商品市場も、二〇〇一年には現物市場である外国為替市場の規模に迫る勢いである。金利派生商品も加えるとすでに二〇〇一年には現物市場を上回っている（BIS 2005；図表7-1）。これに伴って、各国の中央銀行が保有する外貨準備高も増加している。世界の中央銀行外貨準備高の総額は一九七〇年には一〇〇〇億米ドルだったものが、二〇〇五年末には四兆一七〇八億米ドルに上っている。特に日本（八二八八億米ドル）と中国（八一八九億米ドル）が突出している（BIS 2006a, 83）。

また国境を越えた銀行貸付業務や、株式や債券などへの投資も、年々増えつづけている。国際銀行融資残高は一九七〇年代に二〇〇〇億米ドルだったものが、二〇〇五年には一一兆米ドルに達した（BIS 2006b, 13）。また国際起債総額は一九九四年の二四七〇億米ドルから二〇〇四年には三兆八三九〇億米ドルにまで膨れあがった（BIS 2006b, 28）。

図表 7-1　外国為替市場の規模（単位：10 億米ドル／日）

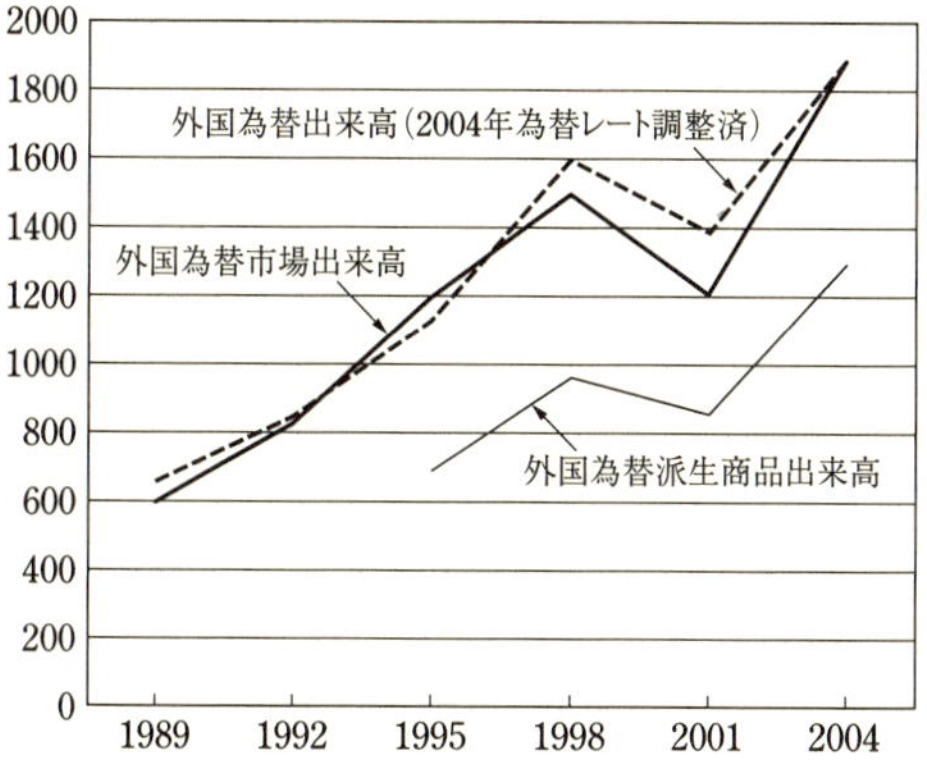

出所：BIS (2005).

では、このような急激な資本の自由化と資本移動の増大はどのような要因によるのであろうか。これは、ブレトン・ウッズ体制の崩壊とそれに伴う金融の自由化が大きな原因である。まずブレトン・ウッズ体制の時代には固定相場制を維持するため、国家は資本規制を残さざるを得なかった。第二次世界大戦後、先進諸国は様々な形で国際資本取引に制限を設けていた。最も自由主義的な米国でさえ、一九六〇年代には規制を設けている。しかし一九七〇年代に入って、為替相場が変動相場制に移行したため、為替安定のために資本を規制する必要性が薄れた。また米国は自国の金融業界が比較優位を持つことを承知しているため、さまざまな形で、各国に金融の自由化、資本の自由化を求め、自国の金融機関が自由に活動できるようにした。このような流れのなかで、日本も一九七九年には資本を自由化（外為規制を撤廃）し、また一九八〇年代には米国の要求に応える形で、国内金融市場の自由化を進めていった。このように米国の政治力なくして、資本の自由化はありえなかった。Ｅ・ヘレーナーは資本の自由化における米国の覇権とそれに対する日英の協力の影響を克明に証明している（Helleiner 1994）[1]。

しかし、米国からの直接的な圧力もさることながら、国際制度によっても、資本の自由化は進められた。まず国際通貨基金（ＩＭＦ）であるが、序章でも述べたように、日本は一九六四年に八条国に移行している。八条国は、規定によりＩＭＦの承認がなければ為替管理（経常取引における為替取引の制限）ができない。したがって、少なくとも経常取引にともなう資本の移動は自由である。しかしＩＭＦ協定第八条は、資本勘定の取引には何ら規律を課していない。しかしそれにもかかわらず一九八〇年代以降、ＩＭＦは資本勘定の取引についても自由化を奨励するようになった。これに伴って、アジア諸国も九〇年代に拙速な資本自由化を行い、アジア通貨危機の遠因となった。アジア通貨危機以降、ＩＭＦは資本自由化については慎重になりつつある。

3　人の移動

人の国際移動、特に労働力の移動は、現在の国際経済の一大要素である。したがって、グローバル化に関する議論のなかでも、人の移動をどのようにマネージしていったらよいかが大きな論点となる。

現代のグローバル化の中で、最も人の移動が顕著なのは、主に観光や商用を目的とした短期の海外旅行である。以下に述べるように移住的な人の移動には国家は厳しい制限を設けているが、国際観光客は外貨を落としていくため、積極的に受け入れを進めていている。国連世界観光機関（ＵＮＷＴＯ）によ

図表 7-2　海外観光客数（単位：100 万人）

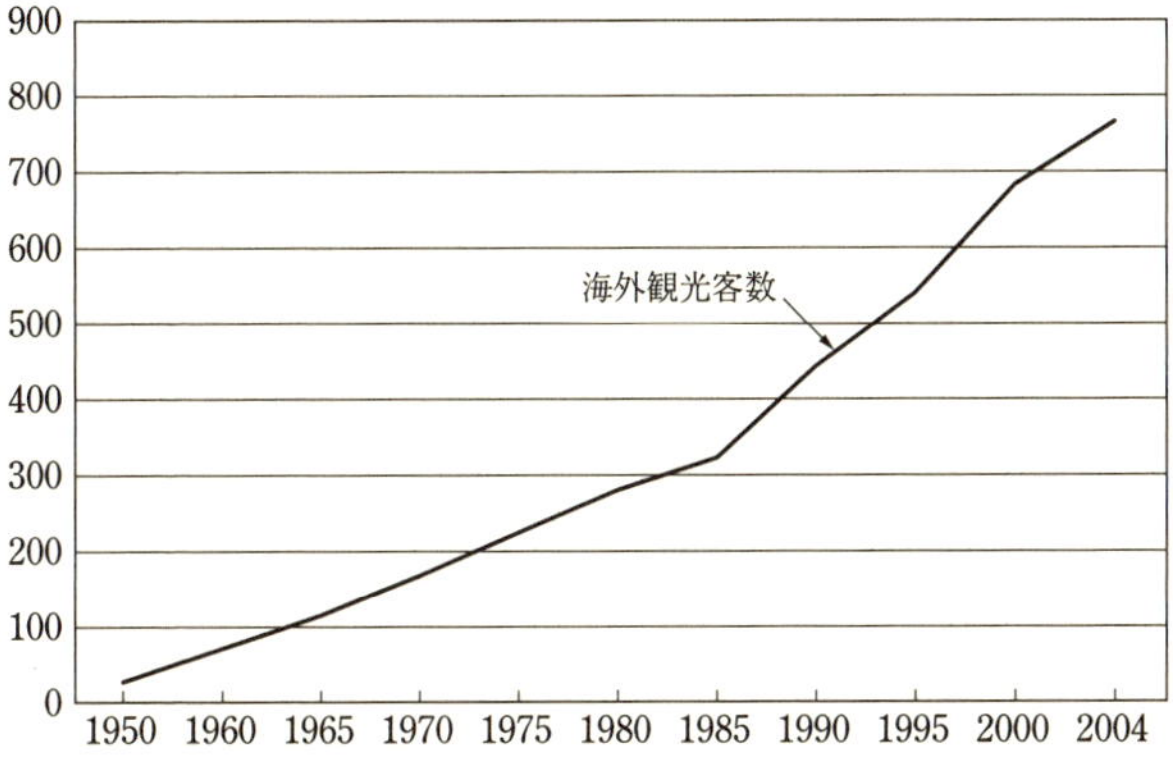

出所：UNWTO (2007).

ると、海外への旅行客数は一九五〇年の年間二五三〇万人から二〇〇四年には同七億六五一〇万人に達している（図表7-2を参照）。

また長期の海外滞在者も増えており、移民の総数は一九六〇年には七六〇〇万人だったのに対し、二〇〇〇年には二倍以上の一億七五〇〇万人に達したといわれている（IOM 2005, 379）。しかし、移民の集中している国は限定されており、人口が一〇〇〇万人以上の国で、移民の占める割合が総人口の一割を超えているのは二〇〇〇年で九カ国にすぎなかった（IOM 2005, 382）[2]。地域別に見ると移民が最も多いのは北米で、一九七〇年の一三〇〇万人から二〇〇〇年には四一〇〇万人に増加した（IOM 2005, 380）。移住先は以前は途上国が半数以上を占めていたが、今は先進国に集中するようになってきている（図表7-3を参照）。また国際労働機関（ILO）によるとその約半分は就労目的の移民であるという。

人の移動には、非自発的移動もあることを忘れてはなら

図表 7-3　移民滞在先別総数（単位：100 万人）

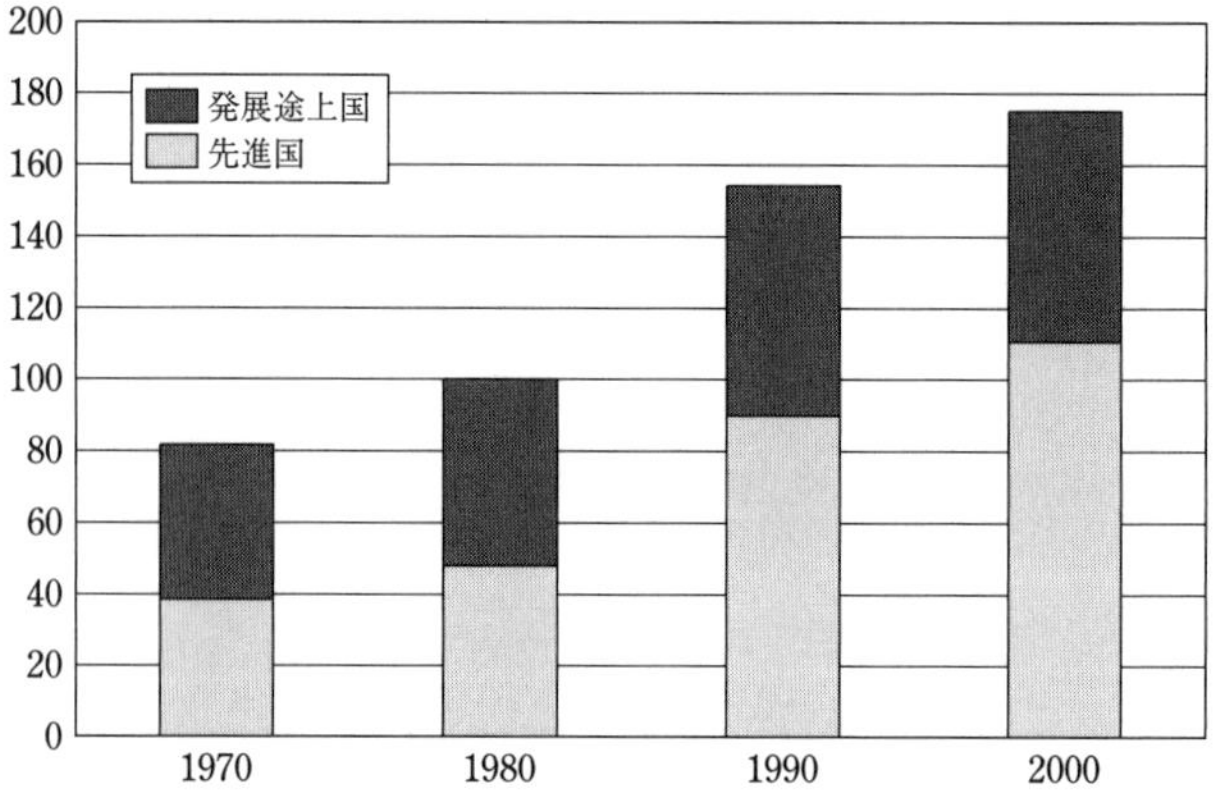

出所：IOM (2005).

ない。迫害や戦禍を逃れてくる難民の数は一九九〇年代に急増した。国連難民高等弁務官事務所（ＵＮＨＣＲ）によると、難民、庇護申請者、その他の無国籍者でＵＮＨＣＲが支援している者の総数は二〇〇四年末現在一九二〇万人で、前年比で一三パーセント増加した（UNHCR 2005, 2）。また国境を越えた人身売買（トラフィッキング）もグローバル化の影の側面である。正確な数は把握しにくいが、米国国務省人身売買報告書によると、国際人身売買の被害者数は年間六〇万人から八〇万人に上るとみられ、そのうちの八割が女性あるいは子供であるという（United States Department of State 2005, 6）。日本も二〇〇四年度報告の「Tier2 監視リスト」に載り、十分警戒が必要な国であるとされた（United States Department of State 2004, 96-97）。

人の移動は、必ずしも最近始まったわけではない。特にＳ・クラズナーが強調するように、人口比でいえば一九世紀のほうが、もっと大規模な人口移動が世界で起きていた（クラズナー 二〇〇一、五一頁）。

戦後の労働力移動では、途上国から労働不足の生じた先進国への人の移動が主であったが、日本については一九八〇年代になるまで外国人の日本への移動は少なかった。しかし日本も少子高齢化に伴い、今後どのようなかたちで移民を受け入れていくかが、喫緊の課題となっている。

難民については難民条約および難民議定書がある一方、その他の人の移動については厳しい国際制度がないため、ほとんどは国家の裁量に任されている。貿易や金融とは異なり、国際的約束に基づき移民政策（特に移民受け入れ政策）が拘束されることは、欧州以外の地域では見られない。国家の移民受け入れ政策は非常に寛容な場合から、ほとんど受け入れを拒否する場合まで、非常に幅がある。コンストラクティビストは、先進諸国には「移民国家」と「非移民国家」のアイデンティティの区別が厳然としてあり、これによって、外国人に対する各国の政策の違いは説明できるとしている。例えばR・ムカエは、日本は以前「移民の送り出し国家」であったことから、移民受け入れ体制ができておらず、これが例えば難民に対する日本政府の非常に冷たい態度となって現れていると主張している（Mukae 2001）。

難民以外の外国人の受け入れについても同様のことがいえる。移民国家では受け入れに対して、入ってくる外国人に対する支援の仕組み、あるいは雇用の仕組みが出来上がっており、たとえば雇用者の政治力によって政策は大きく影響されているという説が有力である（Freeman 1995）。しかし移民の増加に伴い、いずれの国も受け入れには厳しくなりつつある。これは移民が職や公共サービスなどの点でどうしても自国民と競合してしまうからである[3]。

一方、非移民国家では必ずしも受け入れ体制ができていない。例えば、ドイツも戦後長らく日本のように属地主義に基づき、トルコ人労働者に対して、国籍を与えないようにしていた。しかし、シュレーダー政権のもとで改革が行われて、ある程度の居住年限を超えたものには国籍を与える方向に転換した。日本の場合にも、雇用者の力はある程度影響しているようだ。したがって、バブル期には空前の労働力不足が発生し、さまざまな形で外国人労働者の受け入れが拡大された。そして一九九〇年の出入国管理及び難民認定法の改正により、日系人の受け入れが緩和されたほか、外国人労働者研修制度が拡張され、研修の名の下に多くの外国人労働者が日本で働くようになっている。しかしこれらの枠以外での単純労働の受け入れは厳しく制限されている。

第3章でも紹介したA・グロウィッツは、日本政府は次第に外国人労働者の人権保障にも力を入れるようになってきたが、それは国際規範の影響が大きいと主張する（Gurowitz 1999）。しかし、それは合法的に日本政府の受け入れ政策に則って入ってきた人々に対する処置であり、不法滞在者といわれる人々の人権が保障されているわけではない。また国際規範は、どの外国人をどの程度受け入れるかという国家の基本的な政策方針は何ら拘束しない点にも留意する必要がある。後述するように、グローバル化および国際規範は国家の主権を束縛するという議論があるが、これは人の移動についてはあまり当てはまりそうもない（Joppke 1998）。

4　情報のグローバル化

情報・コミュニケーションの飛躍的増大もグローバル化の特徴の一つであろう。世界の固定電話の台数は一九六五年には約一億五〇〇〇万台だったのに対し、二〇〇〇年にはその一〇倍の約一五億台に達した。また携帯・移動電話にいたっては一九七八年にはゼロだったのに対し、二〇〇四年には約一〇億台に達している（Scholte 2005, 117）。それにもまして現在の情報のグローバル化を象徴しているのはインターネットであろう。インターネットはもともと軍事用研究のため米国防総省が高等研究計画局（ARPA）にネットワークを開発させ、一九六九年に米西部の四大学のコンピュータが接続された（ARPANET）のが始まりといわれている。当初は学術用に利用が限られていたが、ワールド・ワイド・ウェブ（WWW）が一九九一年に一般に公開されて以来、飛躍的に利用者が伸びた。二〇〇七年五月現在で、全世界のインターネット利用者数は約一一億一四〇〇万人と推定されている（Internetworldstats.com）。また二〇〇五年現在、インターネットに接続しているホストコンピュータ台数は約三億一八〇〇万台で、検索エンジンのグーグルでは八〇億のウェブサイトにアクセスできる（Scholte 2005, 103）。世界のどこにでも迅速に情報伝達できるようになったことが、グローバル化の影響、あるいは現代のグローバル化の一側面と思われていることに異論はなかろう。

しかし情報伝達の速度という面では一九世紀に電信が発明されたことの方が重要である。インターネットも物理的速度という面ではそれほど変わってはいない。しかしそれでもグローバル化に寄与していると思われるのは、コストが急激に低下していることと深く関係している。

通信技術の発達、特にインターネットの発達により、NGOなど市民社会が国境を越えて手を携えることが可能になり、力を増してきていることはよく指摘される。例えば、ある研究は「〔通信〕技術が三つの側面〔政策提言、サービスの提供、ネットワーク作り〕のすべてにおいて市民社会が安価で効率的に機能する能力を高めてきた」と結論付けている（Hajinal 2002, 243）。

一方、リアリストは通信においても国家の役割は重要であるという立場である。例えば、クラズナーは、電磁波周波数の割当については国家が深く関与していることを指摘している（Krasner 1991）。また短波ラジオ（ＶＯＡなど）によるプロバガンダ放送はもちろんのこと、それを電波妨害することも国家によりしばしば行われてきたとしている。しかしその一方では、電話通信では当初、国家独占が提供形態であったが、技術の変化とともに、次第にマーケットベースのレジームに移行しつつあることも認めている。通信衛星については従来、国家が独占していたが、近年では民営の衛星打ち上げビジネスが盛んである。これがどのような意味を持つのかについては、今後の研究課題であろう。

5　グローバル化の帰結

さて、すでに見てきたように、資本の自由化を中心として、近年グローバル化の進展が激しいわけであるが、グローバル化はどのような影響をもたらすのであろうか。ＩＰＥで特に注目される①マクロ経済運営の難しさ、②レース・トゥ・ザ・ボトム（底辺への競争）、③文化の同質化、④ガバナンス態様の変化、⑤反グローバル化運動について論じたい。

①マクロ経済運営の難しさ　資本が自由化され、資本が国境を越えて自由に動くようになると、国家の

マクロ経済運営が極度に拘束されるということが、主張されるようになった。特に財政政策については赤字を出しすぎると国際資本に嫌われ、資本が海外に逃避してしまうため、国家は従来のようなケインズ主義的財政運営、すなわち不況時の赤字財政による景気刺激というオプションを政策としてもはや使えないという認識が広まりつつある。T・フリードマンはこれを「黄金の拘束衣」と呼んでいる (Friedman 1999)。

またこのようなマクロ経済運営の難しさは、特に左派政権にとって不利であるという説もある。これは特に左派政権が拡張的マクロ政策を多用していたということもあるが、それにもまして、資本と労働の力の差が、流動性《モビリティ》の差として現れているというのである。国家が資本に不利な政策をとれば、資本は国外に逃避してしまうが、労働については簡単に国外に移住するというわけにはいかない。したがって、いやがうえにも資本に対する課税はしにくくなるため、資本に重く課税し、労働者を利するという政策選択肢はなくなるのである。これは左派政権には都合が悪い (Milner and Keohane 1996; Garrett and Lange 1991)。

しかしG・ギャレットは、左派政権は依然として北欧諸国などで健在であり、そのような政権は教育などに力を入れることによって、人的資本の質を高め、それにより国際資本を国内に留まらせるという政策をとっているという (Garrett 1998a, 1998b)。このように、マクロ的には政策が縛られながらも、ミクロの経済運営の上では依然として裁量の余地が大きいことになる。[4]

②レース・トゥ・ザ・ボトム 国家はとかく経済目標を優先するため、企業に都合の悪い政策を避けた

がる。したがって、その結果として、環境や人権、安全性などの非経済的目標がなおざりにされかねない。国際競争にさらされた企業の負担を軽くするため、国家は環境規制や労働基準など、企業のコストを高めるような政策に対して手を抜くようになり、その結果、次第に人権状況の悪化や環境汚染などがもたらされる可能性がある。このような一連の現象を総称して**「レース・トゥ・ザ・ボトム」**（race to the bottom, 底辺への競争）と呼ぶ。

確かに労働基準についてはそのような側面があることはすでに一九世紀から認識されており、当時は**ソシアル・ダンピング**の名で呼ばれた。これに対応して、一九一九年に設立されたＩＬＯでは、世界各国が最低限の労働基準を遵守し、それにより、少しでもソシアル・ダンピングが起きないようにしてきた経緯がある。二〇〇七年現在で、ＩＬＯでは一八八の条約と一九九の勧告が採択されている。またＩＬＯではグローバル化の社会的側面に関する世界委員会を設置して研究を行い、二〇〇四年には最終報告書が提出された（ILO 2004）。この報告書作成の過程で、同委員会は世界各地で市民との対話を行い、その中で、グローバル化に対する不安が多数吐露されたことを報告している（ILO 2004, 12–23）。

このように漠然としてではあれ、レース・トゥ・ザ・ボトムが進行しているという認識があるが、本当にそのような現象が起こっているかを実証するのはなかなか困難である。Ｄ・ボーゲルは、貿易の自由化（多国間交渉による自由化および地域での自由化）が環境保護と消費者保護にどのような影響を与えているかについて研究した結果、一部の例外を除いては、それほど悪影響は出ておらず、反対に環境保護が強化される場合もあると主張する（Vogel 1995）。しかしそれは制度間で差がある。たとえば、貿易自由化が環境政策に与える影響については、関税及び貿易に関する一般協定（GATT）では負の影響が強く、欧州連合（EU）では逆である。北米自由貿易協定（NAFTA）はその中間的位置付けである。EUでは環境もその守備範囲に入っているため、貿易の自由化による負の側面を環境政策で相殺させることができるのに対して、GATTでは環境は管轄外であるため、特に基準を作ることができない。この点は世界貿易機関（WTO）になってからもあまり変わってはいない。

レース・トゥ・ザ・ボトムが起こっているという認識に最も影響を受けてきたのは、国際的に活動している企業自身である。特に一九九〇年代以降、企業が海外で人権を無視して利益をむさぼっているとのスクープが頻繁になされるようになった。例えば、靴のメーカーであるナイキでは、インドネシアで使っていた下請け企業が、児童労働を搾取的に使っていたことが報道され、その結果、消費者による不買運動が起きた。またリーボック、ウォルト・ディズニー、ギャップ、スターバックスなど有名企業が次々と告発され、批判の渦に巻き込まれた（Spar 1998）。

これを受けて、企業の間でも反省が生まれ、**企業の社会的責任**（**CSR**）に対する意識が高まってきた。企業はその活動する社会と深い関係を有しているため、単に株主のためだけに企業活動を行うだけでは十分でなく、社会の向上にも貢献しなければならないというのだ。このような動きは企業サイドからも出ていたが、国連もこの波を利用して、二〇〇〇年には**グローバル・コンパクト**（**GC**）という運動を立ち上げた。人権、労働、環境、汚職の四つの分野における一〇の原則について、企業が自主的かつ計画的にその改善を進めるもので、それを国連が支援する仕組みである。二〇〇七年六月一日現在、全世界では四八三一の団体が、日本でも五一の企業・団体が、GCに参加している[5]。

③文化の同質化　文化の同質化もグローバル化の帰結としてよく指摘される。特にこの点は世界文化の「アメリカ化」とセットにして語られることが多い。このままグローバル化が進めば、世界中の人々がマクドナルドで食事をするようになり、休日はディズニーランドに出かけるようになるというわけだ（Barber 1995; Ritzer 1993）。このような悪影響を避けるため、米加自由貿易協定でも文化は自由化義務から除外されたし、フランスでもWTOでの文化産業の自由化に対する反対は強い。一九九八年に経済協力開発機構（OECD）で多国間投資協定（MAI）の締結交渉が断念されたが、フランスの文化産業（特に映像産業）の同協定への反対が強かったのがその原因といわれている（Lalumiere and Landau 1998）。また、グローバル化で最も影響を受けるものの一つが言語である。現在、インターネット使用言語は圧倒的に英語であることはよく知られているが、二〇〇五年末現在で、インターネットの使用言語の約八割が一〇カ国語で占められている（Internetworldstats.com）。

はたしてグローバル化の下での自由競争により、すべての文化が同質化してしまうかは疑問もある。たとえば、グローバル化によってかえって文化の多様化が進んでいるという議論もある（Vargas Llosa 2001）。簡単にこの論争に決着をつけることはできないが、確かに規模の経済が強く働く分野（たとえば映画）では画一化の危険性はある。そういった場合には、補助金などで稀少文化がなくならないようにする必要性はあろうが、どこまで守ればよいのかは自明ではない。しかし文化の多様性の重要性については新たな規範が形成されつつあり、例えば、二〇〇一年には国連教育科学文化機関（UNESC

〇）総会で「文化多様性に関する世界宣言」が採択され、その四年後の二〇〇五年一〇月には「文化的表現の多様性の保護及び促進に関する条約（文化多様性条約）」が採択された。言語に関していえば、ＵＮＥＳＣＯは世界の言語を保存する活動を行っている。また世界遺産の一部として文化遺産の保存にも努力している。また政府レベルだけでなく、民間のレベルでも文化の保存活動は活発に行われている。グローバル化を象徴するファースト・フードに対抗して、「スロー・フード」を守る運動などが特徴的である。

④ガバナンス態様の変化　またグローバル化の影響で、ガバナンスの態様に変化が見られるともいわれる。具体的にはこれまで国家に集中していた権力の、国際機構、企業やＮＧＯなどの非政府主体、そして、地方自治体などへの委譲が進むというのである（Kahler and Lake 2003）。

権力が国際機構に一部委譲されるということは機能主義（第2章第2節を参照）から導き出すことができる。国際協調を達成するために、国家が一部の権力（たとえば紛争処理の権限）を国際組織に委譲することがある。これはグローバル化により経済協調の必要性が増せば増すほど進むはずである。

また経済活動が盛んになり、価値観が多様化することにより、企業やＮＧＯへの権力の委譲も行われる。しかし国家がすべての権力を企業に明け渡してしまうわけではなく、むしろ国家と企業、ＮＧＯとの協働が進むというのが真実に近い。また地方分権についても、一様にその方向に進むということはないようだ。

⑤反グローバル化運動　一九九〇年代に入り、グローバル化の負の側面に対する様々な批判が噴出する

ようになり、次第に大きなうねりとなって、反グローバル化運動へと発展していった[6]。反グローバル化運動の起源をどこまでさかのぼることができるかについては、確たる知見がないが、一九八八年の米加自由貿易協定締結の際に、カナダで同協定に対する反対運動が盛り上がり、それがＮＧＯのつながりを通じて米国に伝播したという説がある（Aaronson 2001）。米国では当時は目立った反発はなかったが、一九九三年に米加にさらにメキシコを加えてＮＡＦＴＡが結ばれた際に、自由貿易反対運動が昂揚した。クリントン政権は批判に応えて、労働基準や環境問題について付属文書を作ることにより対処した。

また自由主義的国際機関はグローバル化の急先鋒とみなされるようになり、反グローバル化運動の矛先は、それらの機関に向けられるようになっていった（O'Brien et al. 2000）。一九九五年にＷＴＯが創設され、その下で貿易自由化交渉が新たに始まろうとしてきたのに伴って、米国ではＷＴＯ反対運動が高まった。それがピークに達したのは、一九九九年のシアトル閣僚会議の際である。当初は、反対運動は平和的な行進を行っていたが、警察隊との衝突に発展し、シアトル市は非常事態宣言を発令し、夜間外出禁止令を出した。この衝突は反対運動を繰り広げたＮＧＯ関係者の間では、「シアトルの戦い（Battle of Seattle）」として記憶に刻まれている（Thomas 2000）。

次に反グローバル化の矛先は主要八カ国首脳会議（Ｇ８）にも向けられた。二〇〇一年七月にイタリアのジェノバでＧ８が開かれた際には、二〇万人規模のデモが繰り広げられ、またしても警察との衝突の上、一名が死亡するという深刻な事態が起こった。

しかしその年の九月に米国で同時多発テロが発生し、警戒態勢が厳重になってきたことに伴って、そ

図表 7-4　主要 3 地域の域内貿易依存率（%）

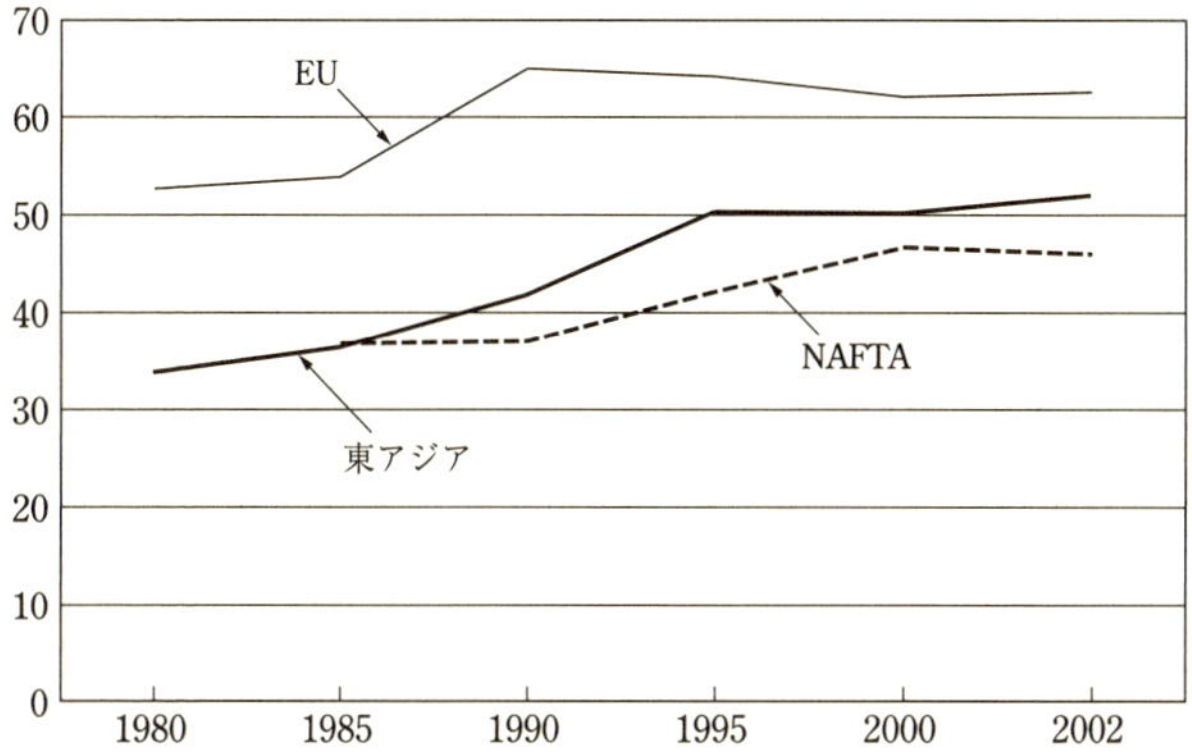

出所：渡辺（2004，8 頁）.

れ以降、急進的な反グローバル化運動は急速に沈静化した。しかし、グローバル化に対する不満がすべて消えたわけではない。

2―地域統合

1　地域統合の進展

現在のグローバル化の特徴は、上記のようにグローバルな規模での経済・社会的繋がりが深まっていると同時に、各地域でも経済統合が進んでいる点である[7]。例えば図表7-4は欧州、北米、東アジアの三地域についてそれぞれの域内貿易依存率の推移を示したものである。いずれの地域においても、域内の依存率が高まっていることが読み取れる。

また一九九〇年代より、自由貿易協定（FTA）などの地域的貿易取り決めも増加の傾向にある。特に二〇〇二年に米国で「ファスト・トラック」（第2章第4節を参照）あ

図表7-5　発効年別自由貿易協定数

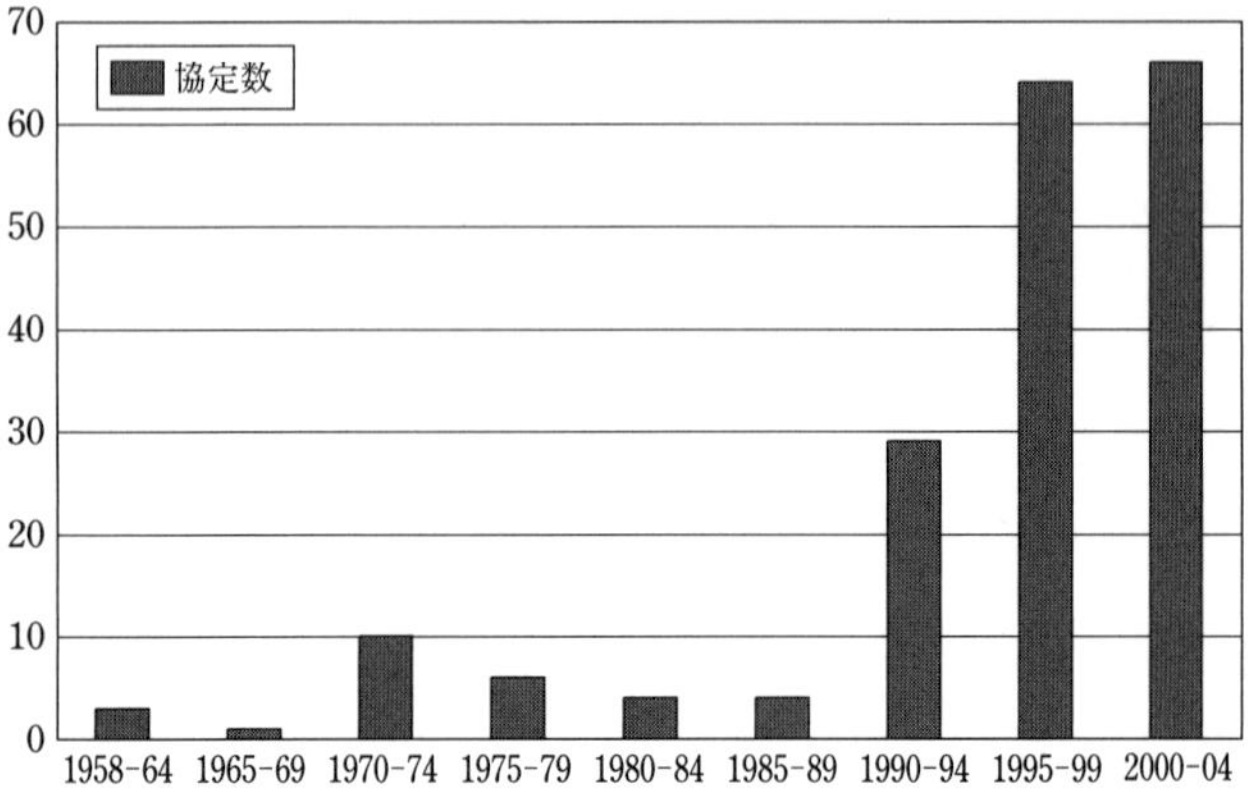

出所：WTO (2007), Ravenhill (2005b, 129).

るいは「貿易促進権限法（ＴＰＡ）」が成立して以来、米国のＦＴＡ交渉が積極化し、それに伴って「競争的自由化」と呼ばれる現象が発生している。図表7-5はＧＡＴＴ・ＷＴＯに通報されたＦＴＡあるいは特恵的貿易協定の数をそれぞれに協定が発効した順に並べたグラフである。一九九〇年代後半から爆発的にこのような協定が増えていることがわかる。まさに第4章で紹介したOye (1992) の理論どおりの結果になっている。

初期の統合論はスピル・オーバー（波及効果）により統合が深化するという楽観論が主流であったことは既に第2章で見たところであるが、この理論は欧州統合が行き詰まりを見せるとともに、衰退した。これを反面教師として、その後の地域統合論では、絶対的な予測ではなく、条件付きの仮説に集中するようになったといってよい。「何々の条件のもとでは統合が進む（あるいは遅れる、逆行する）」というタイプの仮説が好まれるようになった。

また、他の主流の理論との接点を探る動きも見られる。たとえば、多くの学者が地域統合における主要国（覇権国）の役割を強調している。例えばW・マトリ（Mattli 1999）は、これまで成功している地域統合を見ると、かならず一カ国、主要国があるという。例えば、欧州通貨統合における覇権国（ドイツ）の重要性を強調する。このほかにも、統合過程における覇権国あるいは主要国の役割を強調する論者は多い[(8)]。

しかしそのような覇権に対する対抗勢力の役割も見逃してはならない。たとえば、リアリストのJ・グレコは、欧州通貨統合をフランスやイタリアによる独覇権への抵抗の結果と解釈している（Grieco 1996）。一九七九年に創設された**欧州通貨制度**（**EMS**）のなかでドイツが圧倒的に優位に立つようになったため、仏伊両国は、ドイツを縛っていくには通貨統合が必要であると認識するようになったというのである（欧州通貨統合の歴史については、コラム7-1を参照）。

これに対し、A・モラブチック（Moravcsik 1991, 1993）は、欧州統合論の分野で、リベラル政府間主義（liberal intergovernmentalism）を提唱した。リベラル統合論の系譜を引きながらも、社会的多元主義やトランスナショナルなネットワークを強調するのではなく、あくまでも国家の枠内で選好の形成がなされ、その後に政府間の取引（交渉）により、制度が決まり、そしてその制度が定着することにより国家の約束が固定化・安定化するという立場である。ネオリアリズムの国家中心主義および合理主義にかなり歩み寄ったものといえよう。またモラブチックはリベラリズムの立場から、貿易統合と通貨統合の差を強調する。例えば、貿易統合についてはセクターの意向が反映されやすいのに対し、通貨統合では、マクロの判断であるため、セクターごとの要求は行われにくく、政府アクターの判断が大きく反映されるという（Moravcsik 1993）。

また、コンストラクティビズム的な欧州統合理論もある。アイデアを強調するK・マクナマラの理論はコンストラクティビスト的であるが、それでもモラブチックの議論と整合的である（McNamara 1998）。インフレ対策について、欧州の政策決定者は次第にケインズ主義的マクロ運営はうまくいかないことを悟り、通貨協力の重要性を認識するようになったという。

欧州の**司法統合**については、有名なスローター＝ギャレット論争を紹介したい。A－M・スローターは、欧州統合では法律（EU法）が統合勢力にとって「覆面と盾」（政治的中立性の「覆面」と政治的介入を排除する「盾」の意）の役割を果たしているという立場をとり、司法統合が欧州統合にとって重要であると主張した（Burley and Mattli 1993）。これに対してギャレットは、司法統合は国家主権を侵すものではなく、協調にとって都合の良いときには司法統合が進められるが、主要国にとって都合が悪くなれば、欧州司法裁判所（ECJ）の権力はそがれるはずであるとした（Garrett 1995）。確かにその後、ECJの権限が一部縮小されたため、ギャレットに軍配が上がった形になった（Mattli and Slaughter 1998）。このように統合とは一進一退の過程であることがわかる。

欧州統合における政治的問題としてしばしば指摘される**民主主義の赤字**（**欠如**）の問題についても触れておこう。欧州統合の結果として、官僚機構である欧州委員会やECJに権限が集中してしまい、これまで国家レベルで機能していた民主主義の効果が欧州レベルには及ばず、その結果として民主主義が後退しているという議論がよく行われている。

しかしこれに対し、モラブチックは(1)欧州では抑制と均衡（チェック・アンド・バランス）のメカニズムによりＥＵ諸機関は拘束されているため独走する危険はないこと、(2)欧州議会（直接選挙）や欧州理事会などにより間接的にではあれ民意が反映されること、また(3)ＥＵの機関に権限が大幅にゆだねられているのは、司法（ＥＣＪ）や中央銀行（欧州中央銀行（ＥＣＢ））など、現代民主主義のどの国でも民主的代議制度からは若干隔離されている分野であることなどの理由から、民主主義的正当性が特に欠如しているとはいえないと論じている（Moravcsik 2002）。

2　アジアの地域主義

地域統合については、欧州が最も統合が顕著であることから、ＩＰＥの理論もほぼすべて欧州の例を参考に構築されてきた。そのためか、他の地域で起こる欧州とは違った形の地域統合あるいは地域主義については、十分な説明がなされない傾向が強い。

たとえば、一九八九年に豪州の提唱により設立されたアジア太平洋経済協力会議（ＡＰＥＣ、二〇〇七年現在二一カ国・地域）は、「開かれた地域主義」という一風変わった規範の下に構築されたため、これをどのように解釈・説明したらよいのかは、理論的に難しい問題である。

これを地域統合の一形態として扱うことも可能である。例えば、一九九四年の非公式首脳会議で採択されたボゴール宣言では域内の先進国は二〇一〇年までに、途上国は二〇二〇年までに貿易・投資の自由化を達成するとしているため、GATT・WTOで認められている自由貿易地域（FTA）の亜種とみなすこともできよう。V・アガルワルは上位レジーム（GATT・WTO）と下位レジーム（APEC）は補完的な形で構築されているのだと説明している（Aggarwal 1998）。確かに、APECはWTOのラウンド交渉のなかで、地域内のコンセンサスを作り、それをグローバルなレベルに広げていくという役割を果たしている。

リアリストはAPECもパワー・ポリティクスの論理により説明可能であると見ている。例えば、D・クローンは、これまでアジア太平洋地域では米国の覇権が圧倒的であったため、地域的な枠組みの必要がなかったが、米覇権の衰退とともに、地域内での力の均衡をよりよく保つため、APECが結成されたと解釈している（Crone 1993）。また、グレコは、なぜマレーシアが一九九〇年代初頭に提唱した東アジア経済グループ（EAEG）が実現せず、APECだけが残ったのかを、相対的利益（第1章第2節を参照）の観点から説明している。米国を除外したEAEGの枠組みでは、日本と他国との力関係が均衡せず、日本の一人勝ちになってしまうのに対し、米国の入ったAPECならば、そのような心配が少ないというのである（Grieco 1997, 1998, 1999）。EAEGに最も強く反対したのが米国自身であったこともこの理論と整合的である。

このように一九九〇年代には米国やメキシコなど多くの国を含んだ形の地域主義が盛んであったが、近年では若干形態が変化しつつある。アジア通貨危機以降、東アジア（東南アジアおよび日中韓）の枠内での地域主義が顕著である。一九九七年には初めて東南アジア諸国連合（ASEAN）＋3（日中韓）の首脳会議が開かれ、その後、毎年開催されるようになったほか、二〇〇五年一二月にはマレーシアのクアラルンプールでASEAN＋3に豪州、ニュージーランド、インドの三カ国を加えた東アジア・サミットが初めて開催された。

またこれまでは「開かれた地域主義」を強調してきたアジア諸国が最近ではGATT二四条に則るFTA作りにも積極的になってきた。この動きについてはコラム7-2で詳述するが、なぜ日本を含め東アジアのFTA作りが積極化しているのかについては、まだ十分解明されているとはいえない。大矢根（二〇〇四）は、日本については政策バンドワゴニング（他国の政策の模倣）という考え方で説明できるとしているが、⑨ これが中国、韓国などについてもあてはまるのかは不明である。

最後に、現在のFTAは、かならずしも地域主義を促進するものではないことを付言しておこう。日本も東アジア諸国だけでなく、メキシコとFTAを締結したほか、二〇〇六年よりチリともFTA交渉を開始した。米国は米州諸国だけでなく、シンガポールやタイなどのアジア諸国、ヨルダン、バーレーンなど中東諸国などとFTAを締結したほか、南部アフリカ関税同盟（SACU）とも交渉している。EUにいたっては、ほとんど世界全域にわたってFTA交渉を繰り広げている。このように二一世紀初頭のFTAはかならずしも地域主義にこだわることなく、世界を網の目のように結ぶ道具にもなっている点に注目する必要がある。しかしこれが複雑な規制の積み重ね（「スパゲッティ・ボウル」（WTO 2004, 19））となり、多国間での貿易自由化を阻害するか否かについては議論の余地がある。また菊池（二〇〇四）は、アジア欧州会合（ASEM）に特徴的に見られるように、地域をまたいだ対話や繋がりも見られるようになってきていることを指摘する。したがって、戦間期のように地域主義の昂揚が即、世界経済システムの破綻を意味するような事態は避けられていることになる。

3—総　括

本章では近年の国際政治経済の特徴的なトレンドであるグローバル化と地域統合について概観した。グローバル化は非常に多面的な現象であるため、その定義付けが難しい。マスコミなどでは経済および情報の現象だけに限って論じる傾向が強いが、人の移動や環境問題のグローバル化、はたまた反グローバル化運動自体のグローバル化などにも注目すべきであろう。さらに逆説的なのはグローバル化とほぼ同時並行的に地域主義あるいは地域統合が各地で進展している事実であろう。貿易などの分野では多国間の貿易自由化か地域単位での貿易自由化という二項対立で論じられることが多いが、国境の壁が次第に低くなるという点ではグローバル化も地域統合も根は同じであるということができよう。そのどちらが前面に出やすいかはその時々の流れに左右されるといえようが、長期的に見れば、このどちらもさらに進展していくと考えることができよう。

●本章の要点

❢ グローバル化はさまざまに定義できるが、本章では全世界が政治・経済・社会・文化など多くの分野にわたって結びつきを強める過程とした。

❢ グローバル化には貿易や金融など経済的な結びつきも当然あるが、人の移動や情報などの面でも飛躍的に進展している。またこれらは純粋に市場メカニズムによる場合もあるが、国家の政策が密接に関与していることが多い。

❢ グローバル化の帰結としては国家によるマクロ経済運営の複雑化、レース・トゥ・ザ・ボトム、文化の同質化、ガバナンスの変容などが議論されるが、いずれも賛否両論がある。

❢ 一九八〇年代後半以降、再び欧州統合が活性化したことに伴って統合論が盛んに展開されるようになった。覇権国のリーダーシップやそれに対する対抗などリアリスト的議論がなされるようになったことが目新しいが、決定的な説明とはなっていない。

❢ 地域統合の新たな問題点として民主主義の赤字（欠如）が盛んに議論されるようになったが、ＥＵについていえば、国家レベルの民主主義と比べて決して遜色はないという見方もある。

❢ アジアでも特に通貨危機以降、地域主義の高まりがみられる。

コラム7-1◆欧州通貨統合

　欧州通貨統合は二〇〇二年の単一通貨ユーロの導入によって一応完成したと見られるが、これまでの過程は決して平坦ではなかった。第5章でも略述しているが、より詳しく、どのような紆余曲折を経てきたのかを概観しよう。

　貿易面での統合に続いて通貨の面でも統合が図られるべきであるという考え方はすでに一九六〇年代から存在し、通貨統合の青写真はまず、一九七〇年に欧州共同体（ＥＣ）閣僚理事会に提出された「ウェルナー報告」に見られる。しかし、各国の見解の相違は著しく、この案は結局採択されずに終わる。

　その翌年、ニクソン・ショックにより、アメリカがドルの金兌換を停止すると急激な通貨不安が惹起されたため、域内通貨の安定性を重視した欧州諸国は一九七三年三月、「スネーク」と呼ばれる共同フロート制を採用し、欧州通貨間の変動幅を二・二五パーセント以内に抑えることになった。共同フロート制とは、それぞれの通貨はドルに対して変動相場制を採用するものの、欧州通貨間の関係はあまり変化しないように管理する仕組みである。しかし比較的安定している（西）独マルクに対して、仏フランや伊リラを固定させることは難しく、フランスやイタリアは離脱を繰り返した。

　一九七八年に再びドル相場が不安定化し、相場の乱高下が続くと、欧州諸国は危機感を強め、スネークをさらに強固な制度にしようと決意した。この結果、翌年創設されたのが、欧州通貨制度（ＥＭＳ）および欧州為替相場メカニズム（介入制度）（ＥＲＭ）である。ＥＲＭとはスネーク同様、ＥＣ域内の変動幅を二・二五パーセントに抑えるという約束を加盟国が行うもので、その目標を達成するために、介入資金の基金が新たに創設された。また参加通貨のバスケットである欧州通貨単位（ＥＣＵ）も創設された。なお、英国はＥＭＳのメンバーではあってもＥＲＭには参加しないという不規則な形態をとった。

ＥＭＳは予想以上に成功し、一九八〇年代前半には欧州通貨間の相場は比較的安定した。しかしプラザ合意からルーブル合意にかけての時期に、再び為替市場は不安定となった。したがって、さらにＥＭＳよりも強固なシステムの構築が目指されることとなり、一九八九年には、当時の欧州委員会委員長の名を冠した「ドロール報告書」が提出された。その中で、欧州委員会は、通貨統合を向こう一〇年間あまりかけて三段階で達成することを目標とした。最終の到達点は単一通貨（後に「ユーロ」という名称に決まる）の導入とその通貨を管理する欧州中央銀行（ＥＣＢ）の創設である。

ドロール報告書に盛られた通貨統合案はマーストリヒト条約に盛り込まれ採択されることになるわけであるが、その中で、デンマークの同条約否決およびフランスでの国民投票があまりに僅差であったことなどが衝撃となり、再び欧州為替相場は危機的状況に陥り、ＥＲＭは事実上破綻した。

しかし通貨統合の段階的創設は着実に現実のものとなり、一九九九年にはユーロが金融取引に導入され、ついに二〇〇二年初頭には一般に流通するようになったのである。

参考文献　McNamara (1998); Henning (1998)

コラム7-2◆東アジアの経済統合

欧州とは異なり、東アジア（東南アジアおよび日中韓）では地域統合の動きがこれまできわめて希薄あるいは緩慢であった。しかし、一九九〇年代後半から、通貨および通商の両面で、具体的な統合への動きが始まっている。ここでは通貨スワップ（通貨の一時的交換）のネットワークであるチェンマイ・イニシアティブおよび自由貿易地域あるいは自由貿易協定（ＦＴＡ）構築の動きに焦点を当てたい。

一九九七〜一九九八年のアジア通貨危機が東アジア地域の政治経済に与えた影響ははかりしれない。一九九〇年代前半に急激に進んだ資本自由化の影響で、この地域に外資が急激に流入し、特にタイではバブル的状況が発生し、通貨危機発生の引き金となった。一九九七年七月に危機が始まると、タイは主要国に協力を求めたが、米国は支援に積極的ではなかった。また米国系のヘッジファンドなどは危機が始まるや否や資金を引き揚げてしまったため、アジア諸国の間では、米国に対する不信感が高まった。マレーシアのマハティール首相などはジョージ・ソロスなどの投資家を名指しで批判したほどである。

したがって、このころから、地域のことは自分達で守っていかなければならない、域外国に過度に依存すべきでないという意識が高まった。このなかで出てきたのが、日本によるアジア通貨基金（ＡＭＦ）構想である。国際通貨基金（ＩＭＦ）のアジア版を作ろうという考えは、あまり精査された構想ではなく、アドバルーン的発想であったが、事前に米国と十分に協議を重ねていたわけではなかったため、ルービン米財務長官はこれに強く反対し、あえなく頓挫した⑩。

しかし日本はこれではあきらめ切れず、一九九八年には三〇〇億米ドル規模のアジア諸国への資金援助を柱とした新宮沢構想を発表した。

また、アジア通貨危機以降、東南アジア諸国は変動相場制に移行したが、活発に為替市場への介入を行い通貨の安定化を図ったため、これを支援する仕組みとして中央銀行間のスワップ協定のネットワークが作られ始めた。これは二〇〇〇年のチェンマイで行われたアジア開発銀行（ADB）総会の際に関係国の会合で合意されたため、「チェンマイ・イニシアティブ」と呼ばれている。

一方、アジア通貨危機の頃から、域内諸国の間で、FTAに対する関心も高まっていった。FTAとは関税及び貿易に関する一般協定（GATT）二四条の規律の下で、ほとんどの品目について関税を撤廃する協定であり、GATTの最恵国待遇（国によって差別しない原則）に反するが、自由貿易に資するとして例外的に認められている。ただし、GATT・世界貿易機関（WTO）に通報し、審査を経なければならない。欧州では単一欧州議定書により一九九二年には統一市場が生まれ、北米でも一九九三年の北米自由貿易協定（NAFTA）により地域統合が進んでいたが、東アジア諸国はGATT・WTOの多国間体制を信頼し、地域的な枠組み作りにはそれまで消極的だった。

しかし、アジア通貨危機以後の地域主義の高まりのなかで、FTAへの関心も高まり、一九九八年に韓国の金大中大統領が訪日した際、FTA締結への意欲を示した。これをきっかけに、日韓では民間の研究機関を中心に研究が行われ、その結果、FTAは両国の経済浮揚に役立つとの結論が出たことから、二〇〇一年には企業人による「日韓ビジネスフォーラム」が結成され、翌年にかけてFTAについて討論が行われた。また二〇〇二年には産官学の研究会が設立され、交渉に向けて最終準備が行われた。こうしてようやく二〇〇三年一〇月に交渉開始が合意され、翌年交渉が開始されたが、一一月の交渉を最後に中断された。これは韓国側がさまざまな理由から交渉の継続に難色を示し始めたからであった。このようにFTA交渉はかならずしもスムーズには進まないのが現状である。

また日本は東南アジア諸国連合（ASEAN）各国およびASEAN全体ともFTA交渉を行っている。まず最初に名乗りをあげたのがシンガポールで、一九九九年一二月、WTOの自由化交渉立ち上げが暗礁に乗り上げた直後に、ゴー首相から打診があり、まず作業部会により準備作業をおこなってから二〇〇一年中に交渉が妥結され、翌年一月、小泉首相がシンガポールを訪問してＦＴＡへの署名を行った。またこのときの演説で、小泉首相は「東アジア共同体」結成についても考えを述べた。

その後、タイ、フィリピン、マレーシア、インドネシア、ブルネイとの個別交渉が開始され、フィリピン、マレーシアとはすでにＦＴＡが締結されている。タイとの交渉もまとまり、二〇〇七年四月の首脳会談で署名された。またインドネシア、ブルネイとも二〇〇六年中に大筋合意がまとまっている。

このほか、中国や韓国もそれぞれ、ＡＳＥＡＮとのＦＴＡを構築中である。中国はすでに一九九九年の段階で、ＡＳＥＡＮにＦＴＡの打診を行い、翌年正式にＦＴＡ交渉開始が提案された。二〇一〇年完成に向けて交渉が行われており、二〇〇三年には早くも「アーリー・ハーベスト」と呼ばれる早期自由化が農産品の分野で行われたほか、物品貿易では交渉が二〇〇四年中にまとまり、翌二〇〇五年に関税引き下げが開始された。

韓国はＦＴＡを構想し始めたのは早かったが、当初はＡＳＥＡＮ＋３（日中韓）でのＦＴＡに固執していたため、ＡＳＥＡＮとのＦＴＡ交渉開始は遅れた。しかし、二〇〇四年には交渉開始が合意され、翌年より交渉が行われている。ＦＴＡのうち、物品協定は二〇〇六年に合意された。

また中国は日中韓三カ国のＦＴＡ作りにも関心を示しているが、農産品の急激な流入を恐れる日韓両国は現在のところ消極的である。しかしいずれは中国とのＦＴＡも俎上に上ることは間違いない。

このように、東アジアでは次第にＦＴＡのネットワークが築かれつつあり、これらの積み重ねにより、いずれは「東アジア経済共同体」が現実のものとなることも十分考えられる。

参考文献　Aggarwal and Urata (2006); Iida (2006a); Munakata (2006); 樋渡（二〇〇四）

注

序章

（1）近著の和書には、清水（二〇〇三）、野林他（二〇〇三）、田中・中西（二〇〇四）などがある。またやや古くなるが、山本（一九八九）も好著である。洋書ではSpero and Hart（[1977] 1997）が入門書としては最も優れているが、すでに事実関係が古くなっている。その他近著では、Frieden and Lake (2000), Gilpin (2001), Grieco and Ikenberry (2003), Ravenhill (2005a) 等。

第1章

（1）なお、マーチは基礎実力モデル（basic force model）と実力活性化モデル（force activation model）という独特な言い回しを使っている。

（2）この例外として、後述するC・キンドルバーガー（Kindleberger 1973）は、その覇権安定論のなかで、覇権国の力を用いる意志の重要性を強調している。戦間期が不安定であったのは、米国が覇権力を持ちながらも、それを発揮する意志を持ち合わせていなかったからであるという。

（3）この対比を有名にしたのは後述のJ・グレコであるが、R・ギルピンもすでに一九七〇年代に同じような対比をしていた（Gilpin 1975, 33［邦訳、三一頁］）。

（4）中国の改革開放路線開始以来、中台間の経済的相互依存は着実に増加してきており、特に近年、三通の一部解禁が模索されているが、台湾側は依然として慎重姿勢を崩していない。

（5）覇権安定論の実証研究は枚挙にいとまがない。代表的なものとして、Keohane (1980), Cowhey and Long (1983), Gowa (1984), McKeown (1983), Lake (1988) などかある。Mansfield (1994) は統計的に有意な結果を得ている。

第2章

（1）ただし、非対称的相互依存がパワーをもたらすという説には懐疑論もある（Wagner 1988）。

(2)　経済学で主に扱われていたのはこの敏感性相互依存である（Cooper 1968）。

(3)　ハースはもともと「統合」を「異なる国家枠組みに属する政治アクターが、既存の国家に対して管轄権を有する、あるいは要求する制度を持つ新しい中心〔地域機構など〕に向かって、忠誠心、期待、政治的活動などを移行させてゆくプロセス」（Haas 1958, 16）と定義していたが、これは過度に複雑であると批判されていた。

(4)　ナイは、「政治統合」の側面を「制度的統合」（Ｐ１）、「政策的統合」（Ｐ２）、「アイデンティティ統合」（Ｐ３）、「安全保障共同体」（Ｐ４）の四つに分類し、機能主義はＰ２が高ければ、Ｐ４を達成するのにＰ１やＰ３が重要ではないという立場であるのに対し、新機能主義はＰ２が高く、Ｐ１がある程度のレベルにあれば、Ｐ３が高まり、Ｐ１やＰ４の強化にもつながりうると主張するとしている（Nye 1968, 875）。

(5)　ＥＥＣの設立協定であるローマ条約には閣僚理事会（各国代表による政府間意思決定機関）の意思決定方式として全会一致と特定多数決（ＱＭＶ）の両方を規定し、一九六六年からは重要問題についてもＱＭＶが適用されるはずであったが、ド・ゴール率いるフランスが反発し、一九六五年、ＥＥＣ閣僚理事会から代表を引き揚げたため「空席危機」が発生し、その妥協案として、重要問題については当面全会一致方式を継続することが確認された。「ルクセンブルクの妥協」は一九八七年に単一欧州議定書が発効するまで事実上続いた。

(6)　国際政治経済論にレジームという概念を初めて導入したのはRuggie (1975) であるといわれている。またレジーム論の最も包括的なサーベイとして、Hasenclever, Mayer, and Rittberger (1997) がある。

(7)　パットナムの当初の目的は、「第二イメージ論」（国内政治が国際政治を決定するとの考え方）と「逆第二イメージ論」（国際政治あるいは国際システムが国内政治を決定するとの考え方）（Gourevitch 1978, 1986）の融合であった。

(8)　この観点から２レベル・ゲーム理論では、議会が行政府から独立していると、国際協調が成立しにくいという論点が有力である。しかし、議会が交渉過程から関与すれば、遵守に対する信頼感が増し協調を促進するという説もある（Martin 2000）。

（9）この他、パットナムのモデルを拡張した研究には Mo（1994, 1995），Iida（1996），Milner（1997），Milner and Rosendorff（1997），Tarar（2001）などがある。Tarar（2005）は諸モデルの結果をわかりやすく整理している。

（10）後述の Schoppa（1993, 1997）のほかにも，Lehman and McCoy（1992），Evans，Jacobson，and Putnam（1993），Friman（1993），Iida（2003）等がある。

第3章

（1）すでに一九五〇年代からラテンアメリカでは従属論的議論が政策レベルで行われていた。例えば，Prebisch（[1950] 1962）を見よ。

（2）一部には開発が進展していることに鑑み，従属しながらも発展の可能性もあることを示唆する研究も生まれた（Cardoso and Faletto 1979；Evans 1979）。

（3）近年の研究で，個人の教育水準（「学歴」）が貿易に対する態度に大きく影響することが判明している。一方，その人が雇用されているか否かにはあまり影響されないため，個人の経済利害による判断ではなく，アイデアの影響であろうと考えられる（Hainmueller and Hiscox 2006）。

（4）本書では特に扱わないが，コンストラクティビズムの規範論に似た議論は，社会学の「世界社会論」にも見られる。Finnemore（1996b）を参照。

（5）国際機構が規範伝播に重要な役割を担うという点については Finnemore（1993）を参照。

第4章

（1）しかしこのような制度的不備にもかかわらず，GATTの紛争処理は比較的うまく機能していたと Hudec（1993）は見ている。

（2）この例は Krugman and Obsfeld（[1987] 1997, 23）より引いた。

（3）正確にいえば，各州で一定数の代議員が選ばれ，代議員がその州で勝った候補者に票を投じる仕組みになっているため，実際には「全国区」は存在しないが，全国から万遍無く票を集められる候補者が有利であるという点で「全国区」選挙に酷似している。

（4） Milner (2005) は、労働力の賦存率の高い途上国では、民主化に伴い多数派である労働者の利害が反映されて貿易自由化に傾くと主張しているが、これはどの途上国でも生産要素の移動性が高いことを想定していることになる。

（5） 産業革命における後発国ほど国家の市場介入の程度が強いことはすでに比較政治学ではよく知られていた (Gerschenkron 1962)。

（6） Mansfield and Reinhardt (2003) は、多国間ラウンド交渉が行われている最中にＦＴＡが結ばれやすいとしている。

（7） このような現象はすでに北米自由貿易協定（ＮＡＦＴＡ）の法化により検証されていた (Goldstein 1996)。

第5章

（1） 外国為替市場は強制的に閉鎖されるときもある。日本は一九七一年のニクソン・ショックの後、二週間あまり市場を閉鎖した。

（2） 英米交渉過程については Gardner (1956) が詳しい。

（3） ニクソン・ショックの国際政治経済論的分析には Gowa (1983), Odell (1982) などがある。

（4） Eichengreen (1992) は、全体的な国家間関係（安全保障・外交関係など）が金融協調に影響するとしている。

（5） 多数の国をサンプルに使った研究では、政権交代や分割政府（行政府と議会多数派の党派が異なる場合）などによって惹起される不確実性が通貨危機の原因になるとされている (Leblang and Satyanath 2006) が、アジア通貨危機の説明にはあまり有用ではない。

（6） また米国議会がＩＭＦへの米国の資金拠出に決定権を持っていることから、議会を通じて、米金融界の意向が反映されるというルートもあることがわかっている (Broz and Hawes 2006)。

（7） 直接金融と間接金融の違いの政策への影響については Zysman (1983) が論じた。

（8） しかし金融監督・規制の分野がおしなべて政治的

であるわけではない。シモンズによれば、政治化しやすいのは、各国の規制の違いが他国に負の外部性を有するときだけであるという（Simmons 2001）。

第6章

（1）　クラズナーによれば、南がその要求を実現させるのに重要だった決定要因は、⑴既存の国際レジームの性格（主権の平等）、⑵南の主張の整合性、⑶米国のパワーの衰退であったという（Krasner 1985, 7）。

（2）　日本のＯＤＡの政策決定過程についてはOrr（1990）などを参照。

（3）　少なくとも米国などの公式見解では、こう主張されている。しかし、実際にはＦＤＩは経済成長にも人間開発にも寄与しないとの研究結果もある（Kosak and Tobin 2006）。

（4）　Jensen（2003）は、投資先が民主的であればあるほどＦＤＩの量が増えるとしているが、どのような制度的メカニズムからそうなるのか明示していない。Li and Resnick（2003）は、もし民主主義国にそのような効果があるとすれば、所有権保護の面の効果であり、所有権保護の効果を除けば、民主化はＦＤＩにマイナスであるとしている。

（5）　ストックホルム会議自体も、スウェーデン政府が、英国やドイツの工業地帯等から排出される硫黄酸化物や窒素酸化物などに起因する酸性雨問題に注意を喚起したいという動機から開催された。

（6）　ただしレジームの創設時については、不確実性は正の効果があるとの見解もある。Ｇ・オシェレンコとヤングによれば、不確実性は制度的なバーゲニングを容易にするという（Osherenko and Young 1993, 13）。

（7）　また経済発展を重視するグループと環境保護派の対立も激しい。

（8）　二〇〇一年のＩＰＣＣ第三次評価報告書では、二一世紀末の平均気温は摂氏一・四～五・八度の上昇が見込まれ、海面上昇は九～八八センチメートルと、いずれも上方修正されている。二〇〇七年に発出された第四次評価報告書では、温室効果ガス排出量の最も多いシナリオでは最高二・四～六・四度の気温上昇を予測している。

第7章

(1)　資本自由化の政治要因に関する諸研究については Cohen (1996) を参照。また資本自由化と並行して、外国通貨が自国通貨同様に流通する現象も生まれている (Cohen 1998)。

(2)　豪州、ベラルーシ、カナダ、コート・ジボワール、フランス、カザフスタン、サウジアラビア、ウクライナ、米国の九カ国。

(3)　しかし移民は都市部などに集住する傾向が強いため、移民の受け入れ国へのコストは地域的に限定される。このため国政レベルで政策が大きく変わるのは当該地域が国政を左右するような影響力を持ったときのみであるとJ・マネーは論じている (Money 1999)。

(4)　市場関係者とのインタビュー調査によれば、債券市場は主にインフレ率と財政赤字にのみ注目しており、どの項目の支出が多いかなどはあまり考慮していないという (Mosley 2000)。

(5)　最も加盟団体数が多いのはフランスで、日本は二〇〇七年六月現在、第二〇位である。http://www.unic.or.jp/globalcomp/glo_company2.htm 参照。

(6)　グローバル化反対派の論点は、例えば、Burtless et al. (1998), Rodrik (1997) などに整理されている。

(7)　東アジアは東南アジア諸国連合（ＡＳＥＡＮ）五カ国、台湾、中国、香港、韓国、および日本。渡辺（二〇〇四、八頁）を参照。

(8)　例えば、Sandholtz and Zysman (1989), Kaelberer (2001) など。

(9)　一九九八年に、日本の政府部内でＦＴＡが検討されはじめた頃、推進派により「ＧＮＰ三〇位以上の国のうち地域的協定に属していないのは、中国と韓国、日本のみ」というレトリックが多用されたという。

(10)　Lee (2006) はもう一歩踏み込んで、ＡＭＦ構想をめぐる日米の角逐は、開発をめぐる日米の考え方の違いに発していると主張している。

参考文献

欧文

Aaronson, Susan A. 2001. *Taking Trade to the Streets : The Lost History of Public Efforts to Shape Globalization.* Ann Arbor, Mich. : University of Michigan Press.

Abbott, Kenneth W., and Duncan Snidal. 2001. "Hard and Soft Law in International Governance." In Judith Goldstein, Miles Kahler, Robert O. Keohane, and Anne-Marie Slaughter, eds. *Legalization and World Politics,* 37-72. Cambridge, Mass. : MIT Press.

Abbott, Kenneth W., Robert O. Keohane, Andrew Moravcsik, Anne-Marie Slaughter, and Duncan Snidal. 2001. "The Concept of Legalization." In Judith Goldstein, Miles Kahler, Robert O. Keohane, and Anne-Marie Slaughter, eds. *Legalization and World Politics,* 17-35. Cambridge, Mass. : MIT Press.

Aggarwal, Vinod K. 1998. "Analyzing Institutional Transformation in the Asia-Pacific." In Vinod K. Aggarwal and Charles E. Morrison, eds. *Asia-Pacific Crossroads : Regime Creation and the Future of APEC,* 23-64. New York : St. Martin's Press.

Aggarwal, Vinod K., and Shujiro Urata, eds. 2006. *Bilateral Trade Agreements in the Asia-Pacific : Origins, Evolution, and Implications.* New York and London : Routledge.

Amin, Samir. 1970. *L'accumulation à l'échelle mondiale.* Paris : Anthropos.（サミール・アミン著，野口祐他訳。一九七九。『世界資本蓄積論』柘植書房。）

Angell, Norman. [1910] 1913. *The Great Illusion : A Study of the Relation of Military Power to National Advantage,* 4th ed. New York : Putnam's.

Axelrod, Robert. 1984. *The Evolution of Cooperation.* New York : Basic Books.（R・アクセルロッド著，松田裕之訳。一九九八。『つきあい方の科学——バクテリアから国際関係まで』ミネルヴァ書房。）

Axelrod, Robert, and Robert O. Keohane. 1986. "Achieving Cooperation under Anarchy : Strategies and Institutions." In Kenneth A. Oye, ed. *Cooperation under Anarchy,* 226-254. Princeton, N. J.: Princeton University Press.

Barber, Benjamin R. 1995. *Jihad vs. McWorld.* New York: Times Books.（ベンジャミン・バーバー著，鈴木主税訳。一九九七。『ジハード対マックワールド――市民社会の夢は終わったのか』三田出版会。）

Bernhard, William, and David Leblang. 1999. "Democratic Institutions and Exchange-Rate Commitments." *International Organization* 53: 71-97.

BIS (Bank for International Settlements). 2005. *Triennial Central Bank Survey: Foreign Exchange and Derivatives Market Activity in 2004.* Basle: BIS. [http://www.bis.org/publ/rpfx05t.pdf]

——. 2006a. *76th Annual Report.* Basle: BIS. [http://www.bis.org/publ/arpdf/ar2006e.pdf]

——. 2006b. *Quarterly Review.* Basle: BIS. [http://www.bis.org/publ/qtrpdf/r_qt0606.pdf]

Braudel, Fernand. [1949] 1982. *La Méditerranée et le monde méditerranéen àl'époque de Philippe II,* 5e. éd. Paris: A Colin.（フェルナン・ブローデル著，浜名優美訳。二〇〇四。『地中海（普及版）』藤原書店。）

Broz, J. Lawrence. 2002. "Political System Transparency and Monetary Commitment Regimes." *International Organization* 56: 861-887.

Broz, J. Lawrence, and Michael Brewster Hawes. 2006. "Congressional Politics of Financing the International Monetary Fund." *International Organization* 60: 367-399.

Burley, Anne-Marie, and Walter Mattli. 1993. "Europe before the Court: A Political Theory of Legal Integration." *International Organization* 47: 41-76.

Burtless, Gary, Robert Z. Lawrence, Robert E. Litan, and Robert L. Shapiro. 1998. *Globaphobia: Confronting Fears about Open Trade.* Washington, D.C.: Brookings.

Busch, Marc L., and Eric Reinhardt. 1999. "Industrial Location and Protectionism: The Political and Economic Geography of U.S. Non-Tariff Barriers." *American Journal of Political Science* 43: 1028-1050.

——. 2001. "Geography, International Trade and Political Mobilization in U.S. Industries." *American Journal of Political Science* 44: 703-719.

Cameron, David R. 1978. "The Expansion of the Public Economy : A Comparative Analysis." *American Political Science Review* 72 : 1243-1261.

Cardoso, Fernando Henrique, and Enzo Faletto. 1979. *Dependency and Development in Latin America,* translated by Marjory Mattingly Urquidi. Berkeley, Calif. : University of California Press.

Carr, Edward Hallett. [1939] 1946. *The Twenty Years' Crisis, 1919-1939,* 2nd ed. New York : Harper and Row.（E・H・カー著，井上茂訳。一九九六。『危機の二十年　一九一九―一九三九』岩波文庫。）

Carson, Rachel. 1962. *Silent Spring.* Boston : Houghton Mifflin.（レイチェル・カーソン著，高樹簗一訳。二〇〇一。『沈黙の春（新装版）』新潮社。）

Chayes, Abram, and Antonia Handler Chayes. 1993. "On Compliance." *International Organization* 47 : 175-205.

——. 1995. *The New Sovereignty : Compliance with International Regulatory Agreements.* Cambridge, Mass. : Harvard University Press.

Cohen, Benjamin J. 1996. "Phoenix Risen : The Resurrection of Global Finance." *World Politics* 48 : 268-296.

——. 1998. *The Geography of Money.* Ithaca, N.Y. : Cornell University Press.（ベンジャミン・コーヘン著，宮崎真紀訳。二〇〇〇。『通貨の地理学――通貨のグローバリゼーションが生む国際関係』シュプリンガー・フェアラーク東京。）

Cooper, Richard N. 1968. *The Economics of Interdependence : Economic Policy in the Atlantic Community.* New York : McGraw Hill.

Cowhey, Peter F., and Edward Long. 1983. "Testing Theories of Regime Change : Hegemonic Decline or Surplus Capacity ?" *International Organization* 37 : 157-188.

Cox, Robert W. 1983. "Gramsci, Hegemony and International Relations : An Essay in Method." *Millenium* 12 : 162-175.

Crone, Donald. 1993. "Does Hegemony Matter ? The Regionalization of Pacific Political Economy." *World Politics* 45 : 501-525.

Dahl, Robert. 1957. "The Concept of Power." *Behavioral*

Science 2 : 201-215.

Deutsch, Karl W. et al. 1957. *Political Community and the North Atlantic Area : International Organization in the Light of Historical Experience.* Princeton, N.J. : Princeton University Press.

Drake, William J., and Kalypso Nicolaïdis. 1992. "Ideas, Interests and Institutionalization : 'Trade in Services' in the Uruguay Round." *International Organization* 46 : 37-100.

Eichengreen, Barry. 1987. "Conducting the International Orchestra : Bank of England Leadership under the Classical Gold Standard." *Journal of International Money and Finance* 6 : 5-29.

——. 1989. "Hegemonic Stability Theories of the International Monetary System." In Richard N. Cooper, Barry Eichengreen, Gerald Holtham, Robert D. Putnam, and C. Randall Henning. *Can Nations Agree ? Issues in International Economic Cooperation,* 255-298. Washington, D.C. : Brookings.

——. 1992. *Golden Fetters : The Gold Standard and the Great Depression, 1919-1939.* New York : Oxford University Press.

Emmanuel, Arghiri. 1969. *L'échange inégal.* Paris : Maspéro.

Enloe, Cynthia. 1989. *Bananas, Beaches and Bases : Making Feminist Sense of International Politics.* Berkeley, Calif. : University of California Press.

European Commission. 2005. *Standard Eurobarometer 62 : Public Opinion in the European Union.* Brussels : European Commission.

Evans, Peter B. 1979. *Dependent Development : The Alliance of Multinational, State, and Local Capital in Brazil.* Princeton, N.J. : Princeton University Press.

Evans, Peter B., Harold K. Jacobson, and Robert D. Putnam, eds. 1993. *Double-Edged Diplomacy : International Bargaining and Domestic Politics.* Berkeley, Calif. : University of California Press.

Finnemore, Martha. 1993. "International Organizations as Teachers of Norms : The United Nations Educational, Scientific and Cultural Organization and Science Policy." *International Organization* 47 : 565-597.

——. 1996a. *National Interests in International Society.* Ithaca, N.Y.: Cornell University Press.

——. 1996b. "Norms, Culture, and World Politics: Insights from Sociology's Institutionalism." *International Organization* 50: 325-347.

Finnemore, Martha, and Kathryn Sikkink. 1998. "International Norm Dynamics and Political Change." *International Organization* 52: 887-917.

Frank, Andre Gunder. 1967. *Capitalism and Underdevelopment in Latin America.* New York and London: Monthly Review Press.（アンドレ・G・フランク著、大崎正治他訳。一九七六。『世界資本主義と低開発——収奪の《中枢衛星》構造』拓植書房。）

——. 1979. *Dependent Accumulation and Underdevelopment.* New York and London: Monthly Review Press.（A・G・フランク著、吾郷健二訳。一九八〇。『従属的蓄積と低開発』岩波書店。）

Freeman, Gary P. 1995. "Modes of Immigration Politics in Liberal Democratic States." *International Migration Review* 29: 881-913.

Frieden, Jeffry A. 1991. *Debt, Development and Democracy: Modern Political Economy and Latin America, 1965-1985.* Princeton, N.J.: Princeton University Press.

Frieden, Jeffry A., and David A. Lake, eds. 2000. *International Political Economy: Perspectives on Global Power and Wealth,* 4th ed. London: Routledge.

Friedman, Thomas L. 1999. *The Lexus and the Olive Tree: Understanding Globalization.* New York: Farrar, Straus, and Giroux.（トーマス・フリードマン著、東江一紀・服部清美訳。二〇〇〇。『レクサスとオリーブの木——グローバリゼーションの正体（上・下）』草思社。）

Friman, H. Richard. 1993. "Side-Payments versus Security Cards: Domestic Bargaining Tactics in International Economic Negotiations." *International Organization* 47: 387-410.

Funabashi, Yoichi. 1988. *Managing the Dollar: From the Plaza to the Louvre.* Washington, D.C.: Institute for International Economics.（船橋洋一著訳。一九八八。『通貨烈烈』朝日新聞社。）

Gardner, Richard N. 1956. *Sterling-Dollar Diplomacy in Current Perspective: The Origins of and the Prospects of Our International Economic Order.* Oxford: Clarendon Press.（リチャード・N・ガードナー著，村野孝・加瀬正一訳。一九七三。『国際通貨体制成立史（上・下）』東洋経済新報社。）

Garrett, Geoffrey. 1995. "The Politics of Legal Integration in the European Union." *International Organization* 49: 171-181.

——. 1998a. "Global Markets and National Politics: Collision Course or Virtuous Circle?" *International Organization* 52: 787-824.

——. 1998b. *Partisan Politics in the Global Economy.* Cambridge: Cambridge University Press.

Garrett, Geoffrey, and Peter Lange. 1991. "Political Responses to Interdependence: What's 'Left' for the Left?" *International Organization* 45: 539-564.

Gawande, Kishore, and Bernard Hoekman. 2006. "Lobbying and Agricultural Trade Policy in the United States." *International Organization* 60: 527-561.

Gerschenkron, Alexander. 1962. *Economic Backwardness in Historical Perspective: A Book of Essays.* Cambridge, Mass.: Belknap Press.

Gill, Stephen. 1990. *American Hegemony and the Trilateral Commission.* Cambridge: Cambridge University Press.（スティーヴン・ギル著，遠藤誠治訳。一九九六。『地球政治の再構築——日米欧関係と世界秩序』朝日選書。）

Gilligan, Michael J. 1997. *Empowering Exporters: Reciprocity, Delegation and Collective Action in American Trade Policy.* Ann Arbor: University of Michigan Press.

Gilpin, Robert. 1971. "The Politics of Transnational Economic Relations." In Robert O. Keohane and Joseph S. Nye, Jr., eds. *Transnational Relations and World Politics,* 48-69. Cambridge, Mass.: Harvard University Press.

——. 1975. *U.S. Power and the Multinational Corporation: The Political Economy of Foreign Direct Investment.* New York: Basic Books.（R・ギルピン著，山崎清訳。一九七七。『多国籍企業没落論——アメリカの世紀は終わったか』ダイヤモンド社。）

——. 1981. *War and Change in World Politics.* Cambridge: Cambridge University Press.

——. 1987. *The Political Economy of International Relations.* Princeton, N.J.: Princeton University Press.（ロバート・ギルピン著、佐藤誠三郎・竹内透監修、大蔵省世界システム研究会訳。一九九〇。『世界システムの政治経済学——国際関係の新段階』東洋経済新報社。）

——. 2001. *Global Political Economy: Understanding the International Economic Order.* Princeton, N.J.: Princeton University Press.

Goldberg, Pinelopi-Koujianou, and Giovanni Maggi. 1999. "Protection for Sale: An Empirical Examination." *American Economic Review* 89: 1135-1155.

Goldstein, Judith. 1993. *Ideas, Interests, and American Trade Policy.* Ithaca, N.Y.: Cornell University Press.

——. 1996. "International Law and Domestic Institutions: Reconciling North American 'Unfair' Trade Laws." *International Organization* 50: 541-564.

Goldstein, Judith, and Robert O. Keohane. 1993. "Ideas and Foreign Policy: An Analytical Framework." In Judith Goldstein and Robert O. Keohane, eds. *Ideas and Foreign Policy: Beliefs, Institutions, and Political Change.* Ithaca, N.Y.: Cornell University Press.

Goldstein, Judith, and Lisa L. Martin. 2001. "Legalization, Trade Liberalization, and Domestic Politics: A Cautionary Tale." In Judith Goldstein, Miles Kahler, Robert O. Keohane, and Anne-Marie Slaughter, eds. *Legalization and World Politics,* 219-248. Cambridge, Mass.: MIT Press.

Gould, Erica R. 2003. "Money Talks: Supplementary Financiers and International Monetary Fund Conditionality." *International Organization* 57: 551-586.

Gourevitch, Peter A. 1978. "The Second Image Reversed: The International Sources of Domestic Politics." *International Organization* 32: 881-911.

——. 1986. *Politics in Hard Times: Comparative Responses to International Economic Crises.* Ithaca, N.Y.: Cornell University Press.

Gowa, Joanne. 1983. *Closing the Gold Window: Domestic Politics and the End of Bretton Woods.* Ithaca, N.Y.: Cornell University Press.

——. 1984. "Hegemons, IOs, and Markets : The Case of the Substitution Account." *International Organization* 38 : 661-683.

——. 1994. *Allies, Adversaries, and International Trade.* Princeton, N.J. : Princeton University Press.

Gramsci, Antonio. 1971. *Selections from the Prison Notebooks of Antonio Gramsci,* translated by Quintin Hoare and Geoffrey Nowell Smith. London : Lawrence and Wishart.

Grieco, Joseph M. 1988. "Anarchy and the Limits of Cooperation." *International Organization* 42 : 485-508.

——. 1990. *Cooperation among Nations : Europe, America and Non-Tariff Barriers to Trade.* Ithaca, N.Y. : Cornell University Press.

——. 1996. "State Interests and International Rule Trajectories : A Neorealist Interpretation of the Maastricht Treaty and European Economic and Monetary Union." *Security Studies* 5 : 261-305.

——. 1997. "Systemic Sources of Variation in Regional Institutionalization in Western Europe, East Asia and the Americas." In Edward Mansfield and Helen V. Milner, eds. *The Political Economy of Regionalism,* 164-187. New York : Columbia University Press.

——. 1998. "Political-Military Dynamics and the Nesting of Regimes : An Analysis of APEC, the WTO and Prospects for Cooperation in the Asia-Pacific." In Vinod K. Aggarwal and Charles E. Morrison, eds. *Asia-Pacific Crossroads : Regime Creation and the Future of APEC,* 235-256. New York : St. Martin's Press.

——. 1999. "Realism and Regionalism : American Power and German and Japanese Institutional Strategies during and after the Cold War." In Ethan B. Kapstein and Michael Mastanduno, eds. *Unipolar Politics : Realism and State Strategies after the Cold War,* 319-353. New York : Columbia University Press.

Grieco, Joseph M., and G. John Ikenberry. 2003. *State Power and World Markets : The International Political Economy.* New York : Norton.

Grossman, Gene, and Ellhanan Helpman. 1994. "Protection for Sale." *American Economic Review* 84 : 833-850.

Gruber, Lloyd. 2000. *Ruling the World : Power Politics and the Rise of Supranational Institutions.* Princeton, N.J. : Princeton University Press.

Gurowitz, Amy. 1999. "Mobilizing International Norms : Domestic Actors, Immigrants, and the Japanese State." *World Politics* 51 : 413-445.

Haas, Ernst B. 1958. *The Uniting of Europe : Political, Social and Economic Forces, 1950-1957.* Stanford, Calif. : Stanford University Press.

——. 1964. *Beyond the Nation-State : Functionalism and International Organization.* Stanford, Calif. : Stanford University Press.

——. 1975. *The Obsolescence of Regional Integration Theory.* Berkeley, Calif. : Institute of International Studies, University of California.

Haas, Ernst B., and Philippe C. Schmitter. 1964. "Economics and Differential Patterns of Political Integration : Projections about Unity in Latin America." *International Organization* 18 : 705-737.

Haas, Ernst B., Mary Pat Williams, and Don Babai. 1977. *Scientists and World Order : The Use of Technical Knowledge in International Organizations.* Berkeley, Calif. : University of California Press.

Haas, Peter M. 1990. *Saving the Mediterranean : The Politics of International Environmental Cooperation.* New York : Columbia University Press.

——. 1992a. "Banning Chlorofluorocarbons : Epistemic Community Efforts to Protect Stratospheric Ozone." *International Organization* 46 : 187-224.

——. 1992b. "Introduction : Epistemic Communities and International Policy Coordination." *International Organization* 46 : 1-35.

Haas, Peter M., Robert O. Keohane, and Marc A. Levy, eds. 1993. *Institutions for the Earth : Sources of Effective International Environmental Protection.* Cambridge, Mass. : MIT Press.

Haggard, Stephan. 2000. *The Political Economy of the Asian Financial Crisis.* Washington, D.C. : Institute for International Economics.

Hainmueller, Jens, and Michael J. Hiscox. 2006. "Learning to

Love Globalization : Education and Individual Attitudes toward International Trade." *International Organization* 60 : 469-498.

Hajinal, Peter I., ed. 2002. *Civil Society in the Information Age.* Aldershot : Ashgate.

Hasenclever, Andreas, Peter Mayer, and Volker Rittberger. 1997. *Theories of International Regimes.* Cambridge : Cambridge University Press.

Hays, Jude C., Sean D. Ehlich, and Clint Peinhardt. 2005. "Government Spending and Public Support for Trade in the OECD : An Empirical Test of the Embedded Liberalism Thesis." *International Organization* 59 : 473-494.

Helleiner, Eric. 1994. *States and the Reemergence of Global Finance : From Bretton Woods to the 1990s.* Ithaca, N.Y. : Cornell University Press.

Henning, C. Randall. 1987. *Macroeconomic Diplomacy in the 1980s : Domestic Politics and International Conflict among the United States, Japan and Europe.* Atlantic Paper No. 65. London : Croom Helm.

——. 1994. *Currencies and Politics in the United States, Germany, and Japan.* Washington, D.C. : Institute for International Economics.

——. 1998. "Systemic Conflict and Regional Monetary Integration : The Case of Europe." *International Organization* 52 : 537-573.

Hirschman, Albert O. 1945. *National Power and the Structure of Foreign Trade.* Berkeley, Calif. : University of California Press.

Hiscox, Michael J. 2002. *International Trade and Political Conflict : Commerce, Coalitions and Mobility.* Princeton, N.J. : Princeton University Press.

Hoekman, Bernard M., and Michel M. Kostecki. [1995] 2001. *The Political Economy of the World Trading System : The WTO and Beyond,* 2nd ed. Oxford : Oxford University Press.

Hooper, Charlotte. 2000. "Masculinities in Transition : The Case of Globalization." In Marianne H. Marchand and Anne Sisson Runyan, eds. *Gender and Global Restructuring : Sightings, Sites and Resistances,* 59-73. London and

New York : Routledge.

Hudec, Robert E. 1993. *Enforcing International Trade Law.* Salem, N.H. : Butterworth.

Hymer, Stephen. 1976. *The International Operations of National Firms : A Study of Direct Foreign Investment.* Cambridge, Mass. : MIT Press.（スティーブン・ハイマー著，宮崎義一編訳。一九七九。『多国籍企業論』岩波書店。）

Iida, Keisuke. 1993a. "Analytic Uncertainty and International Cooperation : Theory and Application to International Economic Policy Coordination." *International Studies Quarterly* 37 : 431-457.

——. 1993b. "When and How Do Domestic Constraints Matter ? Two-Level Games with Uncertainty." *Journal of Conflict Resolution* 37 : 403-426.

——. 1996. "Involuntary Defection in Two-Level Games." *Public Choice* 89 : 283-303.

——. 1999. *International Monetary Cooperation among the United States, Japan and Germany.* Hague : Kluwer Academic Publishers.

——. 2003. "Why Does the World Trade Organization Appear Neoliberal ? The Puzzle of the High Incidence of Guilty Verdicts in WTO Adjudication." *Journal of Public Policy* 23 : 1-21.

——. 2006a. "Institutionalizing Trade and Investment Integration in East Asia." Mimeo.

——. 2006b. *Legalization and Japan : The Politics of WTO Dispute Settlement.* London : Cameron May.

ILO (International Labour Office). 2004. *A Fair Globalization : Creating Opportunities for All.* Geneva : International Labour Office.

Inoguchi, Takashi, Akihiko Tanaka, Shigeto Sonoda, and Timur Dadabaev, eds. 2006. *Human Beliefs and Values in Striding Asia.* Tokyo : Akashi Shoten.

IOM (International Organization for Migration). 2005. *World Migration 2005 : Costs and Benefits of International Migration.* Geneva : IOM.

Jensen, Nathan M. 2003. "Democratic Governance and Multinational Corporations : Political Regimes and Inflows of Foreign Direct Investment." *International*

Organization 57 : 587-616.

Johnson, Chalmers A. 1982. *MITI and the Japanese Miracle : The Growth of Industrial Policy, 1925-1975.* Stanford, Calif. : Stanford University Press. (チャーマーズ・ジョンソン著、矢野俊比古監訳。一九八二。『通産省と日本の奇跡』TBSブリタニカ。)

Joppke, Christian. 1998. "Why Liberal States Accept Unwanted Immigration." *World Politics* 50 : 266-293.

Kaelberer, Matthias. 2001. *Money and Power in Europe : The Political Economy of European Monetary Cooperation.* Albany : State University of New York Press.

Kahler, Miles. 2001. "Conclusion : The Causes and Consequences of Legalization." In Judith Goldstein, Miles Kahler, Robert O. Keohane, and Anne-Marie Slaughter, eds. *Legalization and World Politics,* 277-299. Cambridge, Mass. : MIT Press.

Kahler, Miles, and David A. Lake, eds. 2003. *Governance in a Global Economy : Political Authority in Transition.* Princeton, N.J. : Princeton University Press.

Kapstein, Ethan B. 1992. "Between Power and Purpose : Central Bankers and the Politics of Regulatory Convergence." *International Organization* 46 : 265-287.

——. 1994. *Governing the Global Economy : International Finance and the State.* Cambridge, Mass. : Harvard University Press.

Katzenstein, Peter J., ed. 1978. *Between Power and Plenty : Foreign Economic Policies of Advanced Industrial States.* Madison : University of Wisconsin Press.

——. 1985. *Small States in World Markets : Industrial Policy in Europe.* Ithaca, N.Y. : Cornell University Press.

Keck, Margaret E., and Kathryn Sikkink. 1998. *Activists beyond Borders : Advocacy Networks in International Politics.* Ithaca, N.Y. : Cornell University Press.

Keohane, Robert O. 1980. "The Theory of Hegemonic Stability and Changes in International Economic Regimes." In Ole R. Holsti, Randolph M. Siverson, and Alexander George, eds. *Change in the International System,*. Boulder, Colo. : Westview.

——. 1983. "The Demand for International Regimes." In Stephen D. Krasner, ed. *International Regimes,* 147-171.

Ithaca, N.Y.: Cornell University Press.
——. 1984. *After Hegemony: Cooperation and Discord in the World Political Economy.* Princeton, N.J.: Princeton University Press.（ロバート・コヘイン著，石黒馨・小林誠訳。一九九八。『覇権後の国際政治経済学』晃洋書房。）
——. 1986. "Reciprocity in International Relations." *International Organization* 40 : 1-27.
Keohane, Robert O., and Marc A. Levy, eds. 1996. *Institutions for Environmental Aid.* Cambridge, Mass.: MIT Press.
Keohane, Robert O., and Joseph S. Nye, Jr. 1971. "Transnational Relations and World Politics: A Conclusion." In Robert O. Keohane and Joseph S. Nye, Jr., eds. *Transnational Relations and World Politics,* 371-398. Cambridge, Mass.: Harvard University Press.
——. 1974. "Transgovernmental Relations and International Organizations." *World Politics* 27 : 39-62.
——. 1977. *Power and Interdependence: World Politics in Transition.* Boston: Little, Brown.
——. 2000. "Globalization: What's New? What's Not? (And So What?)" *Foreign Policy* 118 : 104-119.
Kindleberger, Charles P. 1973. *The World in Depression 1929-1939.* Berkeley, Calif.: University of California Press.（C・P・キンドルバーガー著，石崎昭彦・木村一朗訳。一九八二。『大不況下の世界　一九二九―一九三九』東京大学出版会。）
——. 1981. "Dominance and Leadership in the International Economy." *International Studies Quarterly* 27 : 5-10.
Klotz, Audie. 1995a. *Norms in International Relations: The Struggle against Apartheid.* Ithaca, N.Y.: Cornell University Press.
——. 1995b. "Norms Reconstituting Interests: Global Racial Equality and U.S. Sanctions against South Africa." *International Organization* 49 : 451-478.
Kosak, Stephen, and Jennifer Tobin. 2006. "Funding Self-Sustaining Development: The Role of Aid, FDI and Government in Economic Success." *International Organization* 60 : 205-243.
Krasner, Stephen D. 1976. "State Power and the Structure

of World Trade." *World Politics* 28 : 317-343.

——. 1978. *Defending the National Interest : Raw Materials Investments and U.S. Foreign Policy.* Princeton, N.J. : Princeton University Press.

——. 1983. "Structural Causes and Regime Consequences : Regimes as Intervening Variables." In Stephen D. Krasner, ed. *International Regimes,* 1-21. Ithaca, N.Y. : Cornell University Press.

——. 1985. *Structural Conflict : The Third World against Global Liberalism.* Berkeley, Calif. : University of California Press.

——. 1991. "Global Communication and National Power." *World Politics* 43 : 336-366.

Krauss, Ellis S. 1993. "U.S.-Japan Negotiations on Construction and Semiconductors, 1985-1988 : Building Friction and Relation-Chips." In Peter B. Evans, Harold K. Jacobson, and Robert D. Putnam, eds. *Double-Edged Diplomacy : International Bargaining and Domestic Politics,* 265-299. Berkeley, Calif. : University of California Press.

Krugman, Paul R., and Maurice Obsfeld. [1987] 1997. *International Economics : Theory and Policy,* 4th ed. Reading, Mass. : Addison-Wesley.

Lake, David A. 1984. "Beneath the Commerce of Nations : A Theory of International Economic Structures." *International Studies Quarterly* 28 : 143-170.

——. 1988. *Power, Protection, and Free Trade : International Sources of U.S. Commercial Strategy, 1887-1939.* Ithaca, N.Y. : Cornell University Press.

Lalumiere, Chatherine, and Jean-Pierre Landau. 1998. *Rapport sur l'Accord multilatéral sur l'investissement (AMI) : Rapport intérimaire - Septembre 1998.* [http://www.france.diplomatie.fr/actual/dossiers/ami.html]

Leblang, David, and Shanker Satyanath. 2006. "Institutions, Expectations, and Currency Crises." *International Organization* 60 : 245-262.

Lee, Yong Wook. 2006. "Japan and the Asian Monetary Fund : An Identity-Intention Approach." *International Studies Quarterly* 50 : 339-366.

Lehman, Howard P., and Jennifer L. McCoy. 1992. "The

Dynamics of the Two-Level Bargaining Game : The 1988 Debt Negotiations." *World Politics* 44 : 600-644.

Li, Quan, and Adam Resnick. 2003. "Reversal of Fortunes : Democratic Institutions and Foreign Direct Investment Inflows to Developing Countries." *International Organization* 57 : 175-211.

Lohmann, Susanne, and Sharyn O'Halloran. 1994. "Divided Government and U.S. Trade Policy." *International Organization* 48 : 595-632.

Lumsdaine, David H. 1993. *Moral Vision in International Politics : The Foreign Aid Regime, 1949-1989.* Princeton, N.J. : Princeton University Press.

MacIntyre, Andrew. 1999. "Political Institutions and the Economic Crisis in Thailand and Indonesia." In T. J. Pempel, ed. *The Politics of the Asian Economic Crisis,* 143-162. Ithaca, N.Y. : Cornell University Press.

——. 2001. "Institutions and Investors : The Politics of the Economic Crisis in Southeast Asia." *International Organization* 55 : 81-122.

Mansfield, Edward D. 1994. *Power, Trade and War.* Princeton, N.J. : Princeton University Press.

Mansfield, Edward D., and Eric Reinhardt. 2003. "Multilateral Determinants of Regionalism : The Effects of GATT/WTO on the Formation of Preferential Trading Arrangements." *International Organization* 57 : 829-862.

March, James G. 1966. "The Power of Power." In David Easton, ed. *Varieties of Political Theory,* 39-70. Englewood Cliffs, N.J. : Prentice Hall.（ジェイムズ・G・マーチ著、大森弥訳。一九七一。「権力概念の有用性」D・イーストン編、大森弥・青木栄一・大嶽秀夫訳『現代政治理論の構想』六七―一二四頁。勁草書房。）

Martin, Lisa L. 1992. *Coercive Cooperation : Explaining Multilateral Economic Sanctions.* Princeton, N.J. : Princeton University Press.

——. 2000. *Democratic Commitments : Legislatures and International Cooperation.* Princeton, N.J. : Princeton University Press.

Mastanduno, Michael. 1991. "Do Relative Gains Matter ?" *International Security* 16 : 73-113.

——. 1992. *Economic Containment : CoCom and the Politics of*

East-West Trade. Ithaca, N.Y.: Cornell University Press.

Mattli, Walter. 1999. *The Logic of Regional Integration: Europe and Beyond.* Cambridge: Cambridge University Press.

Mattli, Walter, and Anne-Marie Slaughter. 1998. "Revisiting the European Court of Justice." *International Organization* 52: 177-209.

McKeown, Timothy J. 1983. "Hegemonic Stability Theory and 19th Century Tariff Levels in Europe." *International Organization* 37: 73-91.

McNamara, Kathleen R. 1998. *The Currency of Ideas: Monetary Politics in the European Union.* Ithaca, N.Y.: Cornell University Press.

Meadows, Donella H., et al. 1972. *The Limits to Growth: A Report of the Club of Rome's Project on the Predicament of Mankind.* New York: Universe Books.（ドネラ・H・メドウズ他著、大来佐武郎監訳。一九七二。『成長の限界——ローマクラブ「人類の危機」レポート』ダイヤモンド社。）

Meyer, John W., David John Frank, Ann Horinaka, Evan Schofer, and Nancy Brandon Tuma. 1997. "A World Environmental Regime, 1870-1990." *International Organization* 51: 623-651.

Milner, Helen V. 1988. *Resisting Protectionism: Global Industries and the Politics of International Trade.* Princeton, N.J.: Princeton University Press.

——. 1997. *Interests, Institutions, and Information: Domestic Politics and International Relations.* Princeton, N.J.: Princeton University Press.

——. 2005. "Why the Move to Free Trade? Democracy and Trade Policy in the Developing Countries." *International Organization* 58: 107-143.

Milner, Helen V., and Robert O. Keohane. 1996. "Internationalization and Domestic Politics: Introduction." In Robert O. Keohane and Helen V. Milner, eds. *Internationalization and Domestic Politics,* 3-24. Cambridge: Cambridge University Press.

Milner, Helen V., and B. Peter Rosendorff. 1997. "Democratic Politics and International Trade Negotiations: Elections and Divided Government as Constraints on Trade

Liberalization." *Journal of Conflict Resolution* 41 : 117-146.

Mitchell, Ronald B. 1994. "Regime Design Matters: International Oil Pollution and Treaty Compliance." *International Organization* 48 : 425-458.

——. 1998. "Sources of Transparency: Information Systems in International Regimes." *International Studies Quarterly* 42 : 109-130.

Miyaoka, Isao. 2004. *Legitimacy in International Society: Japan's Reaction to Global Wildlife Preservation.* Basingstoke: Palgrave Macmillan.

Mo, Jongryn. 1994. "The Logic of Two-Level Games with Endogenous Domestic Coalitions." *Journal of Conflict Resolution* 38 : 402-422.

——. 1995. "Domestic Institutions and International Bargaining: The Role of Agent Veto in Two-Level Games." *American Political Science Review* 89 : 914-924.

Money, Jeannette. 1999. *Fences and Neighbors: The Political Geography of Immigration Control.* Ithaca, N.Y.: Cornell University Press.

Moravcsik, Andrew. 1991. "Negotiating the Single European Act: National Interests and Conventional Statecraft in the European Community." *International Organization* 45 : 19-56.

——. 1993. "Preferences and Power in the European Community: A Liberal Intergovernmental Approach." *Journal of Common Market Studies* 31 : 473-525.

——. 2002. "In Defence of the 'Democratic Deficit': Reassessing Legitimacy in the European Union." *Journal of Common Market Studies* 40 : 603-624.

Mosley, Layna. 2000. "Room to Move: International Financial Markets and National Welfare States." *International Organization* 54 : 737-773.

Mukae, Ryuji. 2001. *Japan's Refugee Policy: To Be of the World.* Fucecchio, Italy: European Press Academic Publishing.

Munakata, Naoko. 2006. *Transforming East Asia: The Evolution of Regional Economic Integration.* Tokyo: Research Institute of Economy, Trade and Industry.

Norris, Pippa. 2000. "Global Governance and Cosmopolitan Citizens." In Joseph S. Nye, Jr. and John D. Donahue, eds.

Governance in a Globalizing World, 155-177. Washington, D.C.: Brookings.

Nye, Joseph S. 1968. "Comparative Regional Integration: Concept and Measurement." *International Organization* 22: 855-880.

——. 1988. "Neorealism and Neoliberalism." *World Politics* 40: 235-251.

Oatley, Thomas, and Robert Nabors. 1998. "Redistributive Cooperation: Market Failure, Wealth Transfers, and the Basle Accord." *International Organization* 52: 35-54.

O'Brien, Robert, Anne Marie Goetz, Jan Aart Scholte, and Marc Williams. 2000. *Contesting Global Governance: Multilateral Economic Institutions and Global Social Movements*. Cambridge: Cambridge University Press.

Odell, John S. 1982. *U.S. International Monetary Policy: Markets, Power and Ideas as Sources of Change*. Princeton, N.J.: Princeton University Press.

O'Halloran, Sharyn. 1994. *Politics, Process, and American Trade Policy*. Ann Arbor, Mich.: University of Michigan Press.

Olson, Mancur. 1965. *The Logic of Collective Action: Public Goods and the Theory of Groups*. Cambridge, Mass.: Harvard University Press.（マンサー・オルソン著、依田博・森脇俊雅訳。一九九六。『集合行為論——公共財と集団理論（新装版）』ミネルヴァ書房。）

Orr, Robert M., Jr. 1990. *The Emergence of Japan's Foreign Aid Power*. New York: Columbia University Press.（ロバート・M・オアー、Jr著、田辺悟訳。一九九三。『日本の政策決定過程——対外援助と外圧』東洋経済新報社。）

Osherenko, Gail, and Oran R. Young. 1993. "The Formation of International Regimes: Hypotheses and Cases." In Oran R. Young and Gail Osherenko, eds. *Polar Politics: Creating International Environmental Regimes*, 1-21. Ithaca, N.Y.: Cornell University Press.

Oye, Kenneth A. 1986. "Explaining Cooperation under Anarchy: Hypotheses and Strategies." In Kenneth A. Oye, ed. *Cooperation under Anarchy*, 1-24. Princeton, N.J.: Princeton University Press.

——. 1992. *Economic Discrimination and Political Exchange:*

World Political Economy in the 1930s and 1980s. Princeton, N.J. : Princeton University Press.

Pastor, Robert A. 1980. *Congress and the Politics of U.S. Foreign Economic Policy, 1929-1976*. Berkeley, Calif. : University of California Press.

Pincus, J. J. 1975. "Pressure Groups and the Pattern of Tariffs." *Journal of Political Economy* 83 : 757-778.

Prebisch, Raúl. [1950] 1962. "The Economic Development of Latin America and Its Principal Problems." *Economic Bulletin for Latin America* 7 : 1-22.

Putnam, Robert D. 1988. "Diplomacy and Domestic Politics : The Logic of Two-Level Games." *International Organization* 42 : 427-460.

Putnam, Robert D., and C. Randall Henning. 1989. "The Bonn Summit of 1978 : A Case Study in Coordination." In Richard N. Cooper, Barry Eichengreen, Gerald Holtham, Robert D. Putnam, and C. Randall Henning. *Can Nations Agree ? Issues in International Economic Cooperation*, 12-140. Washington, D.C. : Brookings.

Raustiala, Kal. 1997a. "Domestic Institutions and International Regulatory Cooperation : Comparative Response to the Convention on Biological Diversity." *World Politics* 49 : 482-509.

——. 1997b. "States, NGOs, and International Environmental Institutions." *International Studies Quarterly* 41 : 719-740.

Ravenhill, John, ed. 2005a. *Global Political Economy*. Oxford : Oxford University Press.

——. 2005b. "Regionalism." In John Ravenhill, ed. *Global Political Economy*, 116-147. Oxford : Oxford University Press.

Risse, Thomas, and Kathryn Sikkink. 1999. "The Socialization of International Human Rights Norms into Domestic Practices : Introduction." In Thomas Risse, Stephen Ropp, and Kathryn Sikkink, eds. *The Power of Human Rights : International Norms and Domestic Change*, 1-38. Cambridge : Cambridge University Press.

Ritzer, George. 1993. *The McDonalization of Society : An Investigation into the Changing Character of Contemporary Social Life*. Thousand Oaks, Calif. : Pine Forge Press.

ョージ・リッツァ著、正岡寛司監訳。一九九九。『マクドナルド化する社会』早稲田大学出版部。)

Rodrik, Dani. 1997. *Has Globalization Gone Too Far?* Washington, D.C.: Institute for International Economics.

——. 1998. "Why Do More Open Economies Have Bigger Governments?" *Journal of Political Economy* 106: 997-1032.

Rogowski, Ronald. 1989. *Commerce and Coalitions: How Trade Affects Domestic Political Alignments.* Princeton, N.J.: Princeton University Press.

Rosecrance, Richard. 1986. *The Rise of the Trading State: Commerce and Conquest in the Modern World.* New York: Basic Books.（リチャード・ローズクランス著、土屋政雄訳。一九八七。『新貿易国家論』中央公論社。)

Rousseau, David. 2002. "Motivations for Choice: The Salience of Relative Gains in International Politics." *Journal of Conflict Resolution* 46: 394-426.

Ruggie, John Gerard. 1975. "International Responses to Technology: Concepts and Trends." *International Organization* 29: 557-583.

——. 1983. "International Regimes, Transactions and Change: Embedded Liberalism in the Postwar Economic Order." In Stephen D. Krasner, ed. *International Regimes,* 195-232. Ithaca, N.Y.: Cornell University Press.

Russett, Bruce. 1985. "The Mysterious Case of Vanishing Hegemony: Or Is Mark Twain Really Dead?" *International Organization* 39: 207-231.

Sandholtz, Wayne, and John Zysman. 1989. "Recasting the European Bargain." *World Politics* 42: 95-128.

Schattschneider, E. E. 1935. *Politics, Pressures and the Tariff: A Study of Free Private Enterprise in Pressure Politics, as Shown in the 1929-1930 Revision of the Tariff.* New York: Prentice-Hall.

Scholte, Jan Aart. [2000] 2005. *Globalization: A Critical Introduction,* 2nd ed. Houndmills: Palgrave Macmillan.

Schoppa, Leonard J. 1993. "Two-Level Games and Bargaining Outcomes: Why *Gaiatsu* Succeeds in Japan in Some Cases But Not Others." *International Organization* 47: 353-386.

——. 1997. *Bargaining with Japan: What American Pressure*

Can and Cannot Do. New York : Columbia University Press.

Schraeder, Peter J., Steven W. Hook, and Bruce Taylor. 1998. "Clarifying the Foreign Aid Puzzle : A Comparison of American, Japanese, French and Swedish Aid Flows." *World Politics* 50 : 294-323.

Schreurs, Miranda A. 2002. *Environmental Politics in Japan, Germany, and the United States*. Cambridge : Cambridge University Press.

Sharma, Shalendra D. 2003. *The Asian Financial Crisis : Crisis, Reform and Recovery*. Manchester : Manchester University Press.

Simmons, Beth A. 1994. *Who Adjusts ? Domestic Sources of Foreign Economic Policy during the Interwar Years*. Princeton, N.J. : Princeton University Press.

——. 2001. "The International Politics of Harmonization : The Case of Capital Market Regulation." *International Organization* 55 : 589-620.

Skocpol, Theda. 1979. *States and Social Revolutions : A Comparative Analysis of Russia, France, and China*. Cambridge : Cambridge University Press.

Slaughter, Anne-Marie. 2004. *A New World Order*. Princeton, N.J. : Princeton University Press.

Snidal, Duncan. 1985. "The Limits of Hegemonic Stability Theory." *International Organization* 39 : 579-614.

——. 1991a. "International Cooperation among Relative Gains Maximizers." *International Studies Quarterly* 35 : 387-402.

——. 1991b. "Relative Gains and the Pattern of International Cooperation." *American Political Science Review* 85 : 701-726.

Spar, Debra L. 1998. "The Spotlight and the Bottom Line : How Multinationals Export Human Rights." *Foreign Affairs* 77, no. 2 : 7-12.

Spero, Joan, and Jeffrey A. Hart. [1977] 1997. *The Politics of International Economic Relations*, 5th ed. New York : St. Martin's Press.（ジョーン・E・スペロ著、小林陽太郎・首藤信彦訳。一九八八。『国際経済関係論』東洋経済新報社。）

Stiglitz, Joseph. 2002. *Globalization and Its Discontents*. New

York : Norton.（ジョセフ・E・スティグリッツ著，鈴木主税訳．二〇〇二．『世界を不幸にしたグローバリズムの正体』徳間書店．）

Strange, Susan. 1987. "The Persistent Myth of Lost Hegemony." *International Organization* 41 : 551-574.

Tarar, Ahmer. 2001. "International Bargaining with Two-Sided Domestic Constraints." *Journal of Conflict Resolution* 45 : 320-340.

——. 2005. "Constituencies and Preferences in International Bargaining." *Journal of Conflict Resolution* 49 : 383-407.

Thacker, Strom C. 1999. "The High Politics of IMF Lending." *World Politics* 52 : 38-75.

Thomas, Janet. 2000. *The Battle in Seattle : The Story behind and beyond the WTO Demonstrations*. Golden, Colo. : Fulcrum.

UNHCR (United Nations High Commissioner for Refugees). 2005. *2004 Global Refugee Trends : Overview of Refugee Populations, New Arrivals, Durable Solutions, Asylum-Seekers, Stateless and Other Persons of Concern to UNHCR*. Geneva : UNHCR. [http://www.unhcr.org/statistics]

United States Department of State. 2004. *Trafficking in Persons Report, June 2004*. Washington, D.C. : U.S. Department of State.

——. 2005. *Trafficking in Persons Report, June 2005*. Washington, D.C. : U.S. Department of State.

United States President and CEA (Council of Economic Advisers). 1997. *Economic Report of the President, Transmitted to the Congress February 1997 : Together with the Annual Report of the Council of Economic Advisers*. Washington, D.C. : Government Printing Office.

——. 2006. *Economic Report of the President, Transmitted to the Congress February 2006 : Together with the Annual Report of the Council of Economic Advisers*. Washington, D.C. : Government Printing Office.

UNWTO (United Nations World Tourism Organization). 2007. *Tourism Market Trends, 2006 Edition*. Madrid : UNWTO. [http://www.unwto.org/facts/eng/pdf/historical/ITA_1950_2005.pdf]

Vargas Llosa, Mario. 2001. "Globalization at Work : The

Culture of Liberty." *Foreign Policy* 122 : 66-71.

Vernon, Raymond. 1971. *Sovereignty at Bay : The Multinational Spread of U.S. Enterprises.* New York : Basic Books.

Viner, Jacob. 1948. "Power versus Plenty as Objectives of Foreign Policy in the Seventeenth and Eighteenth Centuries." *World Politics* 1 : 1-29.

Vogel, David. 1995. *Trading Up : Consumer and Environmental Regulation in a Global Economy.* Cambridge, Mass. : Harvard University Press.

Volcker, Paul A., and Toyoo Gyohten. 1992. *Changing Fortunes : The World's Money and the Threat to American Leadership.* New York : Times Books. (ポール・ボルカー、行天豊雄著、江澤雄一監訳。一九九二。『富の興亡――円とドルの歴史』東洋経済新報社。)

Wade, Robert. 1996. "Japan, the World Bank and the Art of Paradigm Maintenance : The East Asian Miracle in Political Perspective." *New Left Review* 217 : 3-36.

――. 1997. "Greening the Bank : The Struggle over the Environment, 1970-1995." In Devesh Kapur, John P. Lewis, and Richard Webb, eds. *The World Bank : Its First Half Century, Vol. 2 : Perspectives,* 611-734. Washington, D.C. : Brookings.

Wagner, R. Harrison. 1988. "Economic Interdependence, Bargaining Power, and Political Influence." *International Organization* 42 : 461-483.

Wallerstein, Immanuel. 1974. *The Modern World-System Vol. 1 : Capitalist Agriculture and the Origins of the European World-Economy in the Sixteenth Century.* New York : Academic Press. (I・ウォーラーステイン著、川北稔訳。一九八一。『近代世界システム――農業資本主義と「ヨーロッパ世界経済」の成立(I・II)』岩波書店。)

――. 1980. *The Modern World-System Vol. 2 : Mercantilism and the Consolidation of the European World-Economy, 1600-1750.* New York : Academic Press. (I・ウォーラーステイン著、川北稔訳。一九九三。『近代世界システム 1600～1750――重商主義と「ヨーロッパ世界経済」の凝集』名古屋大学出版会。)

――. 1989. *The Modern World-System Vol. 3 : The Second Era of Great Expansion of the Capitalist World-Economy,*

1730-1840s. San Diego: Academic Press.（I・ウォーラーステイン著、川北稔訳。一九九七。『近代世界システム 1730-1840s――大西洋革命の時代』名古屋大学出版会。）

――. [1983] 1995. *Historical Capitalism, with Capitalist Civilization*, new ed. London: Verso.（I・ウォーラーステイン著、川北稔訳。一九九七。『史的システムとしての資本主義（新版）』岩波書店。）

Waltz, Kenneth N. 1979. *Theory of International Politics*. Reading, Mass.: Addison-Wesley.

Wendt, Alexander. 1992. "Anarchy Is What States Make of It: The Social Construction of Power Politics." *International Organization* 46: 391-425.

――. 1999. *Social Theory of International Politics*. Cambridge: Cambridge University Press.

Whitworth, Sandra. 1997. *Gender and International Relations: Toward a Political Economy on Gender in Interstate and Non-Governmental Institutions*. Houndmills: Macmillan.（サンドラ・ウィットワース著、武者小路公秀他監訳。二〇〇〇。『国際ジェンダー関係論――批判理論的政治経済学に向けて』藤原書店。）

World Bank. 1993. *The East Asian Miracle: Economic Growth and Public Policy*. Oxford: Oxford University Press.（世界銀行著、白鳥正喜監訳。一九九四。『東アジアの奇跡――経済成長と政府の役割』東洋経済新報社。）

World Commission on Environment and Development. 1987. *Our Common Future*. Oxford: Oxford University Press.（環境と開発に関する世界委員会編、大来佐武郎監修、環境庁国際環境問題研究会訳。一九八七。『地球の未来を守るために』福武書店。）

WTO (World Trade Organization). 2004. *The Future of the WTO: Addressing Institutional Challenges in the New Millennium*. Geneva: WTO.

――. 2005. *International Trade Statistics 2005*. Geneva: WTO.

――. 2007. "Regional Trade Agreements Notified to the GATT/WTO and in Force." [http://www.wto.org/english/tratop_e/region_e/region_e.htm]

Young, Oran R., and Marc A. Levy. 1999. "The

Effectiveness of International Environmental Regimes." In Oran R. Young, ed. *The Effectiveness of International Environmental Regimes : Causal Connections and Behavioral Consequences,* 1-32. Cambridge, Mass.: MIT Press.

Zürn, Michael. 1998. "The Rise of International Environmental Politics: A Review of Current Research." *World Politics* 50: 617-649.

Zysman, John. 1983. *Governments, Markets, and Growth: Financial Systems and Politics of Industrial Change.* Ithaca, N.Y.: Cornell University Press.

和文

赤根谷達雄。一九九二。『日本のガット加入問題――《レジーム理論》の分析視角による事例研究』東京大学出版会。

池田美智子。一九九六。『ガットからＷＴＯへ――貿易摩擦の現代史』ちくま新書。

猪口孝、ミゲル・バサネズ、田中明彦、ティムール・ダダバエフ編著。二〇〇五。『アジア・バロメーター――都市部の価値観と生活スタイル』明石書店。

ＮＨＫ（日本放送協会）取材班。一九九六。『戦後五〇年その時日本は６　プラザ合意・円高への決断――アジアが見つめた〝奇跡の大国〟』日本放送出版協会。

大庭三枝。二〇〇四。『アジア太平洋地域形成への道程――境界国家日豪のアイデンティティ模索と地域主義』ミネルヴァ書房。

大矢根聡。二〇〇四。「東アジアＦＴＡ　日本の政策転換と地域構想――〝政策バンドワゴニング〟から〝複雑な学習〟へ」『国際問題』五二八号、五二―六六頁。

カント（宇都宮芳明訳）。一九八五。『永遠平和のために』岩波文庫。

菊池努。二〇〇四。「『競争国家』の論理と経済地域主義」藤原帰一・李鍾元・古城佳子・石田淳編『国際政治講座③　経済のグローバル化と国際政治』一九九―二三六頁。東京大学出版会。

クラズナー、スティーブン・Ｄ（河野勝訳）。二〇〇一。「グローバリゼーション論批判――主権概念の再検討」渡辺昭夫・土山實男編『グローバル・ガヴァナンス――政府なき秩序の模索』四五―六八頁。東京大学出版会。

グローチウス（一又正雄訳）。一九七二。『グローチウス戦争と平和の法』酒井書店。

河野勝・竹中治堅編。二〇〇三。『アクセス国際政治経済論』日本経済評論社。

古城佳子。二〇〇四。「資本移動の増大と国際政治の変容――バーゼル合意に見る国際制度形成」藤原帰一・李鍾元・古城佳子・石田淳編『国際政治講座③　経済のグローバル化と国際政治』三九―八五頁。東京大学出版会。

清水耕介。二〇〇三。『テキスト国際政治経済学――多様な視点から「世界」を読む』ミネルヴァ書房。

田中明彦・中西寛編。二〇〇四。『新・国際政治経済の基礎知識』有斐閣。

田邊敏明。一九九九。『地球温暖化と環境外交――京都会議の攻防とその後の展開』時事通信社。

谷口将紀。一九九七。『日本の対米貿易交渉』東京大学出版会。

段家誠。二〇〇六。『世界銀行とＮＧＯｓ――ナルマダ・ダム・プロジェクト中止におけるアドボカシーＮＧＯの影響力』築地書館。

トゥーキュディデース（久保正彰訳）。一九六六―一九六七。『戦史（上・中・下）』岩波文庫。

日本経済新聞社編。一九九五。『ドキュメント日米自動車協議――「勝利なき戦い」の実像』日本経済新聞社。

野林健・大芝亮・納家政嗣・山田敦・長尾悟。二〇〇三。『国際政治経済学・入門（新版）』有斐閣。

樋渡展洋。二〇〇四。「国際経済交渉と政策選好――アジア金融危機を事例に」藤原帰一・李鍾元・古城佳子・石田淳編『国際政治講座③　経済のグローバル化と国際政治』八七―一四四頁。東京大学出版会。

ホッブズ（永井道雄・宗片邦義訳）。一九七九。『ホッブズ（世界の名著28）』。中公バックス。

マキアヴェリ（池田廉訳）。二〇〇一。『君主論』中公クラシックス。

山田高敬。二〇〇四。「『複合的なガバナンス』とグローバルな公共秩序の変容――進化論的コンストラクティビズムの視点から」『国際政治』一三七号、四五―六五頁。

山本吉宣。一九八九。『国際的相互依存』東京大学出版会。

レーニン（宇高基輔訳）。一九五六。『帝国主義』岩波文庫。
ロック（鵜飼信成訳）。一九六八。『市民政府論』岩波文庫。
渡辺利夫編。二〇〇四。『東アジア経済連携の時代』東洋経済新報社。

あとがき

国際政治経済論（ＩＰＥ）の教科書を書かないかという仕事が舞い込んできたのは二〇〇四年の暮れころだった。シリーズ全五巻のうち、三巻はすでにできているので、なるべく早く仕上げて欲しいとのことだった。当初は引き受けるのに躊躇したが、たまたま二〇〇五年度に東京大学法学部で「特別講義国際政治経済論」という講義を担当することが決まっていたため、その講義ノートを書くつもりで書けばできるのではないかという甘い判断の下、引き受けてしまった。しかし、さすがに一冊の本にするには、講義ノートだけでは分量的にも内容的にも足りず、大いに加筆するはめになった。したがって、ずいぶん慌てて書いた部分もあり、舌足らずなところ、説明の曖昧な箇所など、不備な点が多々あるのではないかと思う。ご容赦願いたい。

本書を書くに当たっては、青山学院大学の飯田ゼミの第六期生に草稿を読んで間違いなどを直していただいた。カリキュラム外の課題を出したことにお詫びするとともに、深く感謝したい。また上記の東京大学法学部の学生には、事前に了解をとらずに、実験結果を発表することになって申し訳ないと思っている。ご協力に感謝したい。また青山学院大学の同僚であった太田宏氏（現在早稲田大学）には第6

章のチェックをお願いした。筆者が環境問題に自信がなかったことが原因であるが、有益なコメントに感謝したい。

本書の出版に当たっては東京大学出版会の奥田修一氏とシリーズ企画の責任者である猪口孝先生には大変お世話になった。心よりお礼申し上げたい。特に奥田氏の校正により、格段に読みやすくなったと確信している。

末筆になるが、台所でパソコンを叩いているのを暖かく見守ってくれた家内と子供たちにも感謝したい。

飯田　敬輔

二〇〇七年七月　本郷の研究室にて

著者略歴

1960年　神奈川県に生まれる.
1984年　東京大学大学院社会学研究科修士課程修了.
1990年　ハーバード大学大学院博士課程修了, Ph. D.（政治学）
現　在　東京大学公共政策大学院教授.

主要著書

International Monetary Cooperation among the United States, Japan, and Germany (Kluwer Academic Publishers, 1999).

Legalization and Japan: The Politics of WTO Dispute Settlement (Cameron May, 2006).

国際政治経済　シリーズ国際関係論 3

2007年10月20日　初　版
2020年7月3日　第4刷

〔検印廃止〕

著　者　飯田敬輔《いいだけいすけ》

発行所　一般財団法人　東京大学出版会

代表者　吉見俊哉

153-0041 東京都目黒区駒場 4-5-29
http://www.utp.or.jp/
電話 03-6407-1069　Fax 03-6407-1991
振替 00160-6-59964

印刷所　株式会社三陽社
製本所　牧製本印刷株式会社

ISBN 978-4-13-034253-7　Printed in Japan

人名索引

サ 行

タ 行

ナ 行

ハ 行

事項索引

タ　行

マ　行

ヤ　行

ラ　行